Introduzione

Picasso è uno degli artisti più importanti del XX secolo per le ardite soluzioni formali e la rivoluzionaria concezione compositiva. Picasso segna l'avvio del Novecento pittorico, inaugurando una concezione della bellezza e dell'arte al di fuori di ogni norma estetica fino ad allora conosciuta. La sua straordinaria prolificità, insieme alle continue ricerche e sperimentazioni, lo rendono artefice di un percorso artistico integralmente volto all'innovazione e sempre in contatto con le svolte della sua epoca. Questi, insieme a tanti altri, sono i motivi che rendono Picasso uno dei più grandi artisti della storia dell'arte occidentale.

Femme Nue

Recandoci al Museo del Novecento di Milano, inaugurato nel 2010, nella prima sala espositiva, quella dedicata all'avanguardia internazionale, si può ammirare l'opera Femme Nue di Picasso. È una sala interamente dedicata ad una collezione privata, Juncker, di una famiglia milanese di origine svizzera-tedesca che praticava una tipologia particolare di collezionismo: tutte opere di altissimo livello ma quantitativamente ristretta. Questa sala riesce a dare una grande dimostrazione di avanguardia europea, tra cui appunto la Femme Nue di Picasso. È un'opera estremamente importante perché fa parte al ciclo compositivo relativo alle Demoiselles des Avignone, considerato il manifesto che sancisce la nascita del Cubismo. La Femme Nue, la donna nuda, è una delle due figure di destra delle Demoiselles des Avignone (dipinto di cui parleremo successivamente). Sono le due figure più rivoluzionarie del dipinto, eseguite durante l'estate del 1907 quando il quadro era in apparenza terminato. In occasione di una visita al museo etnografico del Trocadero a Parigi, Picasso vide delle maschere tribali che lo impressionarono a tal punto da pensare di reintervenire su un'opera apparentemente conclusa per introdurre dei motivi che sarebbero, poi, stati rivoluzionari negli anni seguenti. Si tratta infatti di un ritratto femminile che non si può definire bello nel senso tradizionale del termine. Le due figure sulla destra, in particolare la donna in piedi, sono stravolte, deformate, appositamente imbruttite diremmo. Ciò si spiega in quanto all'interno dell'economia del dipinto, a lungo letto come un'opera disomogenea, Picasso voleva evidenziare due forme di amore: l'amore che attrae e l'amore pericoloso, quello che respinge. Rispetto all'opera madre, ovvero alle Demoiselles des Avignoge, la Femme Nue ha una gamma cromatica molto differente, nel senso che si trovano colori primari estremamente vivi e accesi, a differenza, appunto, delle Demoiselles des Avignone. La collezione Juncker vanta un nucleo di Picasso molto importanti, come la Rue de Bois e la Bouteille de bass, che è un'opera cubista del periodo analitico, che analizzeremo più avanti.

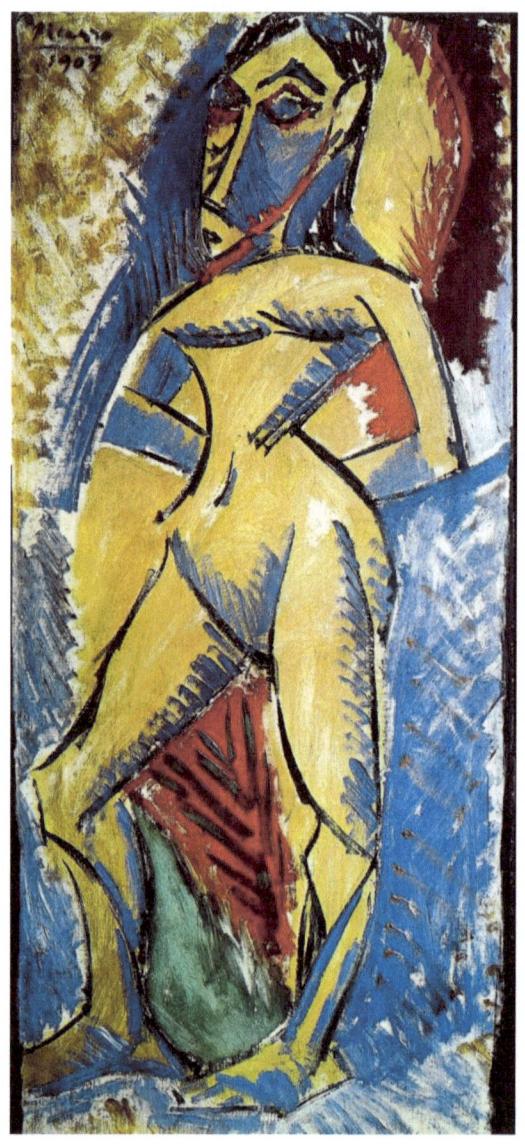

Picasso, Femme Nue, 1907, Museo del Novecento, Milano.

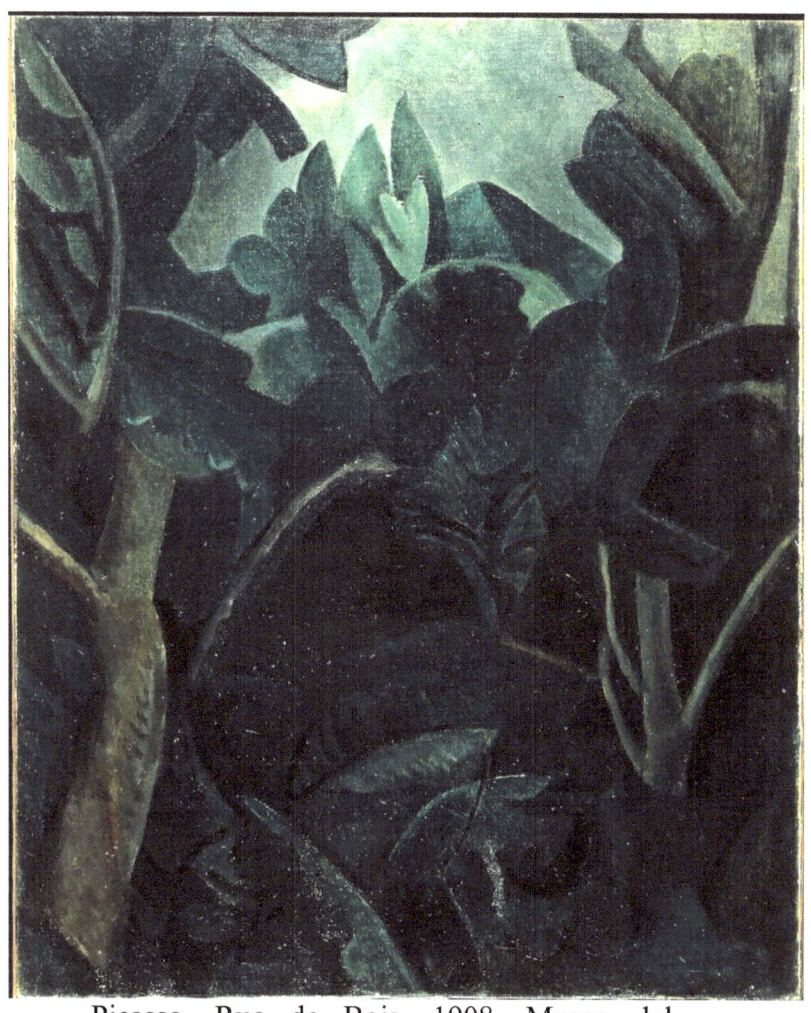

Picasso, Rue de Bois, 1908, Museo del Novecento, Milano.

La Vita

Pablo Picasso nasce a Malaga, in Andalusia, nel 1881. Il padre è un insegnante di disegno presso importanti istituti spagnoli e lo avvia, giovanissimo, allo studio dell'arte. Appena quattordicenne, il giovane Pablo frequenta l'accademia di Belle Arti di Barcellona e in seguito quella di Madrid. Nel 1900, all'età di 19 anni, è a Parigi, dove conosce la produzione di Degas, van Gogh e Lautrec. Nelle prime opere, l'artista dipinge i poveri e gli emarginati in un'atmosfera piena di desolazione, in cui domina il colore blu in tutte le sue sfumature. Dopo quattro anni, questa drammatica solitudine cede il posto a un'atmosfera variopinta e melancolica, in cui giocolieri e acrobati, ritratti nei toni più caldi del rosa e dell'ocra, diventano il suo principale motivo ispiratore: è il così detto periodo rosa, che restituisce tutta la poesia e la magia del circo. Nel 1907, Picasso visita la grande retrospettiva di Cézanne e si interessa alla scultura africana. Da questi stimoli e dalla continua volontà di sperimentazione nasce Les Demoiselles d'Avignone. Le ardite soluzioni formali e la rivoluzionaria concezione compositiva dell'opera aprirà la stagione sperimentale del Cubismo. In questi anni nasce un fecondo sodalizio con l'amico e collega Braque. La loro ricerca è incentrata sulla frantumazione dei volumi dei corpi e sulla moltiplicazione dei punti di vista. Nel 1917, a Roma, Picasso disegna la scenografia per il nuovo spettacolo dei balletti russi e qui incontra la ballerina Olga Khokhlova, che sposa l'anno successivo. La sua creazione artistica, intanto, svolge a uno stile più classico e monumentale, seguito dalle inedite forme della fase surrealista. In risposta ai drammatici avvenimenti della guerra civile spagnola, Picasso dipinge Guernica, esposta a Parigi nel 1937, che risulterà la sua opera più celebre e tra le più emblematiche del Novecento. Dopo la seconda guerra mondiale, Picasso si stabilisce a in Costa Azzurra, dove sperimenta le possibilità espressive della ceramica e della scultura. Trasferitosi nella vicina Mougins, muore nel 1973 all'età di 92 anni.

Periodo Blu e Rosa

La Vita, del 1903, è conservata al Cleveland Museum of Art. Si tratta di un'opera del periodo blu di Picasso, che gli storici dell'arte collocano tra il 1901 e il 1904. È un periodo non facile nella vita del pittore. L'artista si è trasferito a Parigi, ha avuto temporaneamente un contratto con un gallerista, Pedro Manaque, che in seguito scadrà, lasciandolo in serie difficoltà finanziarie. Le opere del periodo blu sono contraddistinte, per l'appunto, dalla tonalità di azzurro freddo, ma anche dai soggetti, in qualche modo, che sono dei vinti. Picasso tratta soggetti che riguardano mendicanti, figure circensi e situazioni che evidenziano, appunto, il momento di difficoltà passato dall'artista. La Vita, in particolare, è stato letto come una metafora. È una metafora generale sulla condizione umana, in particolare anche sulla condizione dello stesso artista. L'opera infatti è situata all'interno di un atelier. Si vede una figura femminile, ovvero una madre con un bambino in braccio, si vede anche una coppia abbracciata, ovvero una coppia di amanti, e sullo sfondo si vede anche un dipinto che raffigura sempre una coppia di amanti abbracciati in un abbraccio disperato. Al centro in basso, tra la coppia di amanti e la madre col bambino, si vede un'altra figura maschile di atteggiamento evidente di disperazione. Il dipinto è stato sottoposto a radiografie ed è noto che la composizione iniziale fosse leggermente diversa, nel senso che, originariamente si trattava di un autoritratto dello stesso Picasso. Dunque la figura maschile era Picasso, mentre la modella era una figura femminile incinta. Se guardiamo benne possiamo notare che l'uomo indica verso la madre col bambino e dunque sembra essere una solta di monito dei pericoli dell'amore e dell'attrazione sessuale che ha avuto come conseguenza una maternità non desiderata in un contesto di povertà e indigenza. Le figure sono pallide e allungate, Picasso guarda a uno dei grandi della pittura classica, che è El Greco. C'è anche un evidente elemento autobiografico all'interno: la figura maschile, che in origine era Picasso stesso, è il ritratto del pittore Casagemas. Questo pittore era un caro amico di Picasso ed era quello che in qualche modo lo fa arrivare a Parigi. I due nel 1900 si recano insieme nella capitale francese a vedere l'esposizione universale. Casagemas, pittore catalano, si innamora per una modella, perdendo la testa per lei e tenta di ucciderla. Dopo aver tentato di ucciderla si suicida a sua volta, nel 1901. Picasso rimane estremamente colpito dal suicidio e da questa morte prematura, che riguardava uno dei suoi migliori amici, e dunque realizza una serie di dipinti raffigurando Casagemas. Addirittura anche raffigurandolo nella bara. La cosa interessante, e che sarà anche una ricorrenza nella vita di Picasso, è il fatto che tutto ciò non gli impedisce, quando si trasferisce a Parigi, di avere una relazione con la modella per la quale Casagemas si era suicidato. Nelle opere del periodo blu e in quelle successive del così detto periodo rosa, che va dal 1904 al 1906, è possibile leggere in maniera molto immediata la capacità tecnica di Picasso come artista. Picasso aveva una predisposizione incredibile, oltre ad avere una formazione in famiglia essendo figlio d'arte. Picasso aveva dimostrato una enorme dimestichezza nel disegno, testimoniata anche dal suo quaderno giovanile di schizzi. Dunque nella pittura del periodo blu e del periodo rosa, si riesce a leggere la capacità di Picasso come pittore, in quanto sono opere impostate, ancora, classicamente. Il blu, colore freddo, induce alla malinconia: con una gamma di toni freddi e profondi, in cui domina il blu nelle sue gradazioni dall'azzurro all'indaco, egli rappresenta la condizione dei poveri e degli emarginati. Il colore è steso piatto, tanto sugli sfondi che sulle figure individuate da una spessa linea scura di contorno. Dal 1901 al 1904 Picasso utilizzò prevalentemente il blu, in diverse tonalità. Le figure sono spesso allungate in modo irrealistico e bordate da una linea di contorno. Il blu attenua i piani di profondità, isolando le immagini nello spazio, rendendole essenziali.

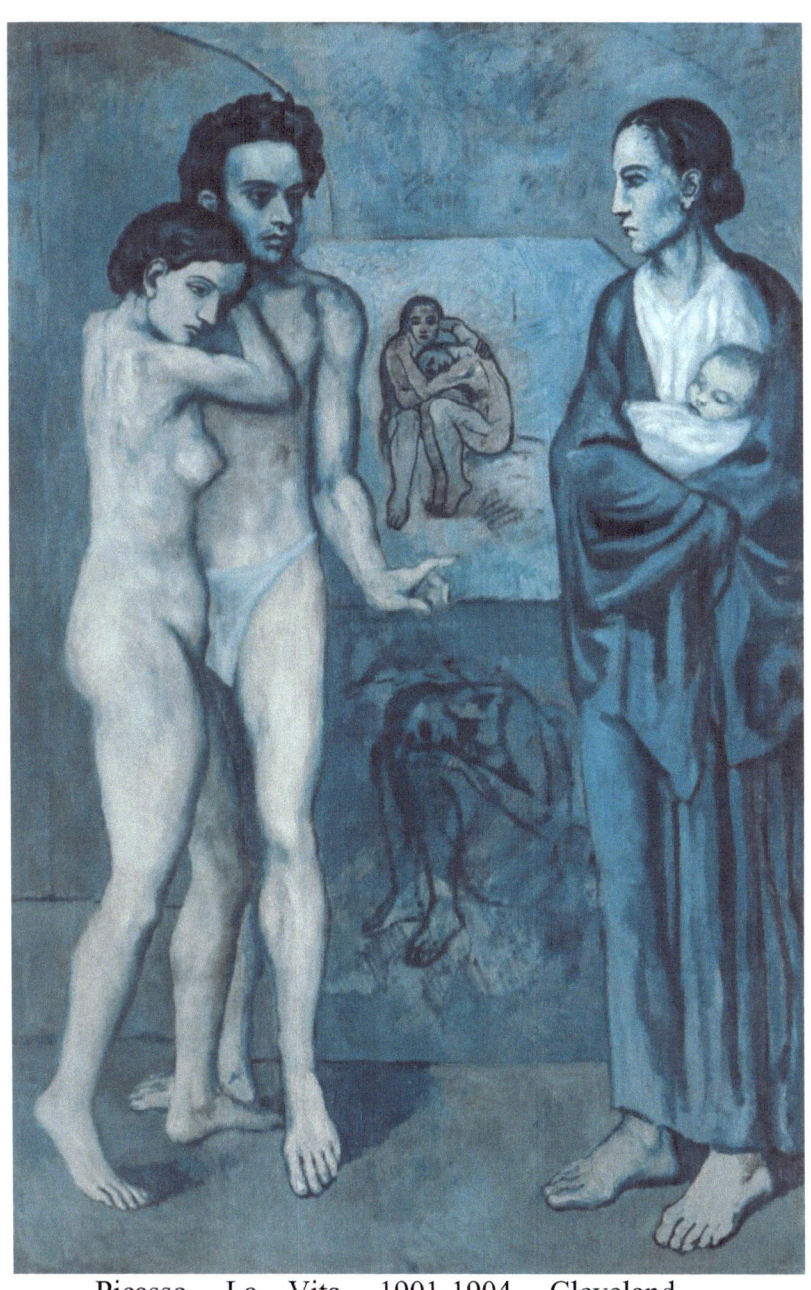

Picasso, La Vita, 1901-1904, Cleveland Museum of Art.

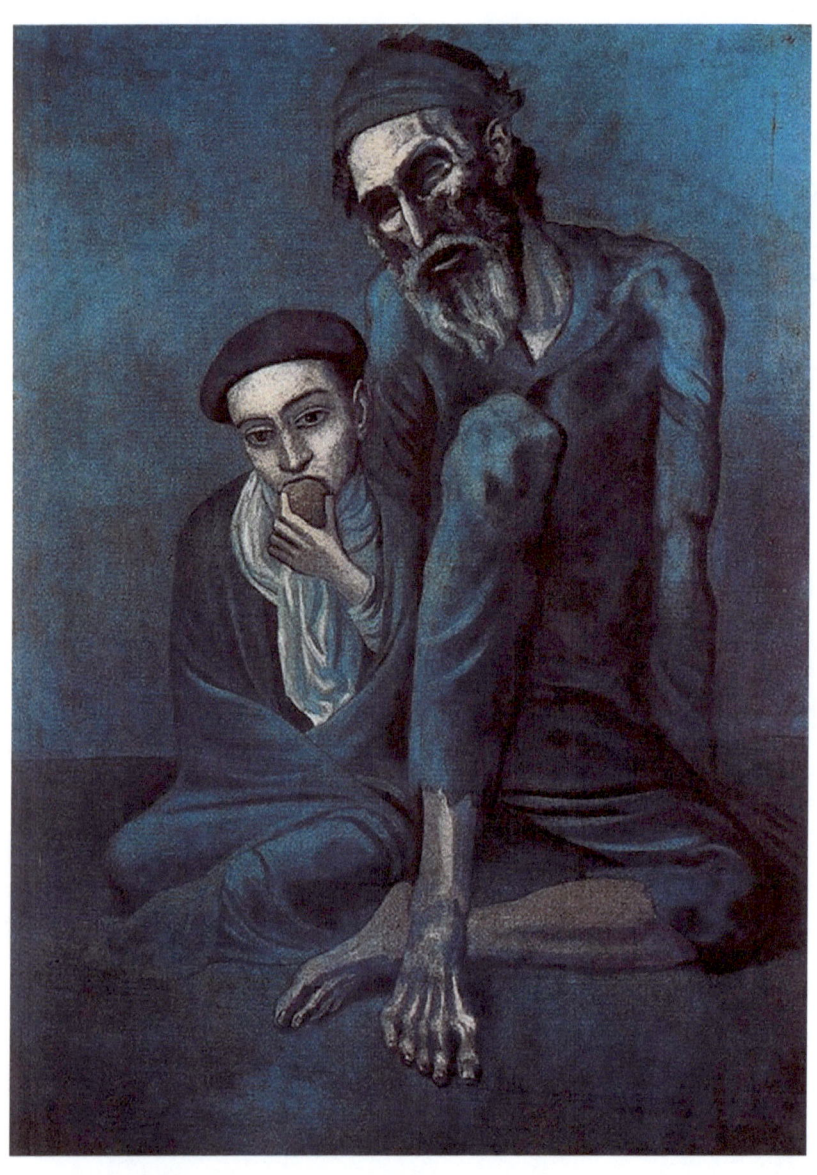

Picasso, Vecchio cieco e ragazzo, 1903, Museo Puskin, Mosca.

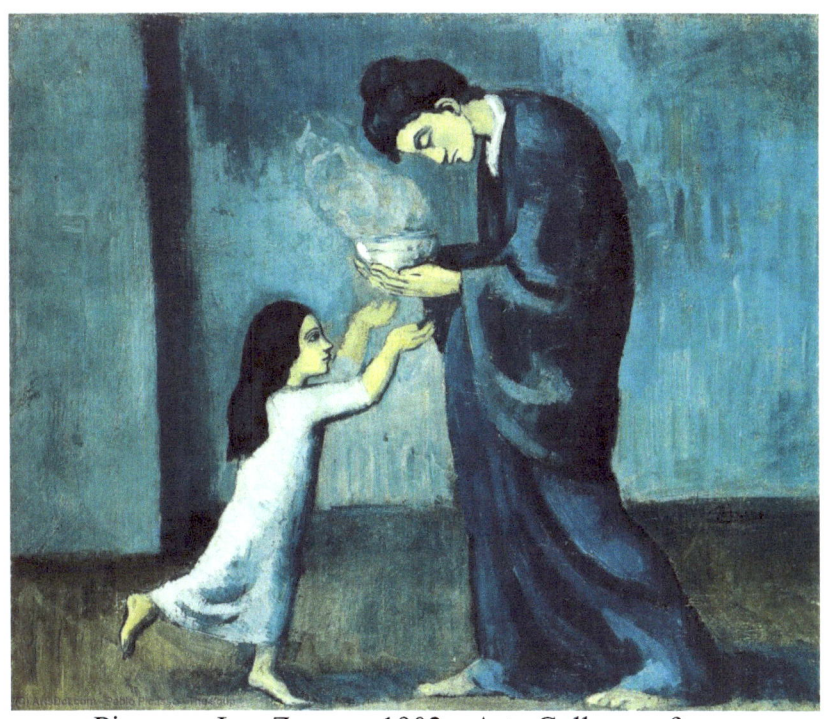

Picasso, La Zuppa, 1902, Art Gallery of Ontario, Toronto.

Dal 1904 al 1906 Picasso mutò il colore di riferimento, utilizzando soprattutto il rosa, unito al bianco, al marrone e ad altri colori caldi. La tavolozza si schiarisce, lasciando posto alla gamma tenue degli ocra e dei rosa, le forme si fanno più solide e compatte, mentre i soggetti riguardano ora il mondo del circo: gli acrobati i giocolieri e i pagliacci condividono con lui un'esistenza precaria e povera, ma libera. Più che tristezza, queste figure richiamano una serena condizione di libertà e d'indipendenza. Le tinte sono ora vive e luminose e consentono di usare il chiaroscuro e di costruire forme più solide. Una delle sue opere più celebri in questa fase è la Famiglia di saltimbanchi, in cui un gruppo di circensi viene raffigurato in un paesaggio senza tempo e senza alcuna presenza di vegetazione. Sopra la scena domina un cielo azzurro, pieno di nubi chiare. A sinistra vi sono cinque personaggi, un arlecchino in piedi che tiene per mano una bambina ed un uomo robusto con una tuta rossa tiene in spalla un sacco. Alla sua sinistra infine un ragazzo in costume tiene in bilico un contenitore cilindrico. Al centro, inoltre un adolescente osserva a destra in direzione di una donna seduta che sembra estranea al gruppo familiare. I personaggi sembrano icone dell'emarginazione e vittime della riprovazione borghese. Diversamente dai mendicanti del periodo blu i membri della *Famiglia di Saltimbanchi* diventano simboli della sofferenza umana. I saltimbanchi raffigurati comunque non manifestano sguardi tristi. Esprimono piuttosto una certa serenità sottolineata anche dai colori. Il vuoto che li circonda suggerisce invece una sensazione di solitudine. Le figure sono infatti disposte in posizioni poco interattive. Ogni personaggio pare isolato nella propria condizione individuale. Allo stesso modo il paesaggio completamente brullo rimanda alla solitudine e dell'isolamento sociale di una comunità. Probabilmente, Picasso con questa scelta comunicativa volle rappresentare la condizione del gruppo di artisti e intellettuali ai quali apparteneva. Infatti Arlecchino, dipinto sulla sinistra, ha le fattezze dello stesso Picasso.

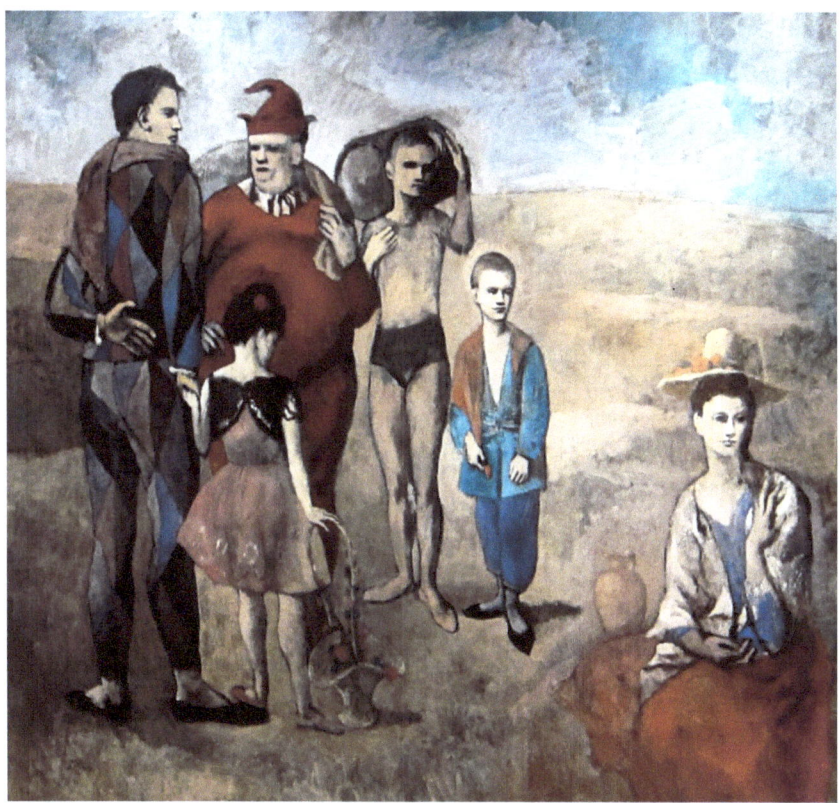

Picasso, Famiglia di saltimbanchi, 1905, National Gallery of Art, Washington.

Les   Demoiselles d'Avignon

Questo è un dipinto capitale al quale viene assegnato il ruolo di sancire la nascita del Cubismo, come se ne fosse un manifesto. In realtà il Cubismo vero e proprio nasce dopo ma questa è un'opera che segna veramente una rottura totale con l'arte precedente. Si tratta di un bordello. Era un tema piuttosto ricorrente all'inizio del secolo. Si vede quindi un gruppo di prostitute ritratte in un interno. Picasso l'anno prima, nel 1906, aveva visto al Louvre una mostra di sculture iberiche primitive ed era rimasto molto colpito da quelle forme così compatte, così semplificate, tanto che, sempre nel 1906, aveva iniziato una serie di ritratti raffigurando le figure come se fossero sculture iberiche, con forme piene di gigantismo. Picasso inizia quindi a meditare sulla deformazione e sulla elaborazione di un nuovo linguaggio pittorico. I riferimenti non sono quelli solo della scultura iberica, ma anche quelli della scultura primitivista di Gauguin, che Picasso conosceva. Il dipinto che viene realizzato tra giugno e settembre del 1907, è una delle opere che ha maggiori schizzi, circa 200.

Questo fa parte proprio della pratica pittorica di Picasso, nel senso che Pablo era un artista che ricercava e ricercando provava e riprovava, anche quando un'opera lo soddisfaceva faceva, come nel caso delle Demoiselles (con la Femme Nue), delle opere riprese da sue opere già concluse. Non solo, Picasso rimodificava anche opere finite o opere in corso. Questo succede nelle Demoiselles: accade che mentre l'opera all'inizio ha una composizione più omogenea, dopo la visita al museo etnografico del Trocadero, Picasso cambia radicalmente la parte di destra. Ci sono, però, una serie di fasi intermedie nella composizione: all'inizio il bordello aveva due ospiti maschili, ovvero un marinaio e uno studente di medicina. Vi era anche una composizione di frutta, di cui rimangono le tracce in basso. Picasso decide poi di ridurre la composizione a una scena corale. Per realizzarla, Picasso pensa alle Bagnanti di Cézanne e decide dunque di restringere il campo eliminando i personaggi maschili e successivamente, dopo la visita, appunto al Trocadero, Picasso ha uno shock culturale grazie al quale rielabora queste figure. Sono delle figure volutamente brutte e volutamente deformate: in qualche modo, come succedeva anche nell'opera della Vita, Picasso vuole parlare dei rischi dell'attrazione nei confronti dell'amore carnale, ma anche dei rischi della ripulsione che questo può comportare. Le due figure sulla destra sono dunque stravolte e volutamente repulsive. Tra la figura di destra in piedi e la Femme Nue del Museo del Novecento di Milano, la differenza sta nella posizione della donna, con il braccio alzato a tenere la tenda (nelle Demoiselles) e con il braccio dietro le spalle (nella Femme Nue). Perché Les Demoiselles d'Avignon?

Bisogna considerare anche che l'opera non era nota ai più anche se tuttavia ebbe notevole influenza sugli artisti che visitarono la bottega di Picasso. L'opera venne pubblicata solo successivamente con il titolo di "Bordello filosofico" su suggerimento di alcuni amici. Le teorie in riferimento di Avignon sono varie, da un lato Avignone come città papale della corruzione e dell'altro lato pare che in

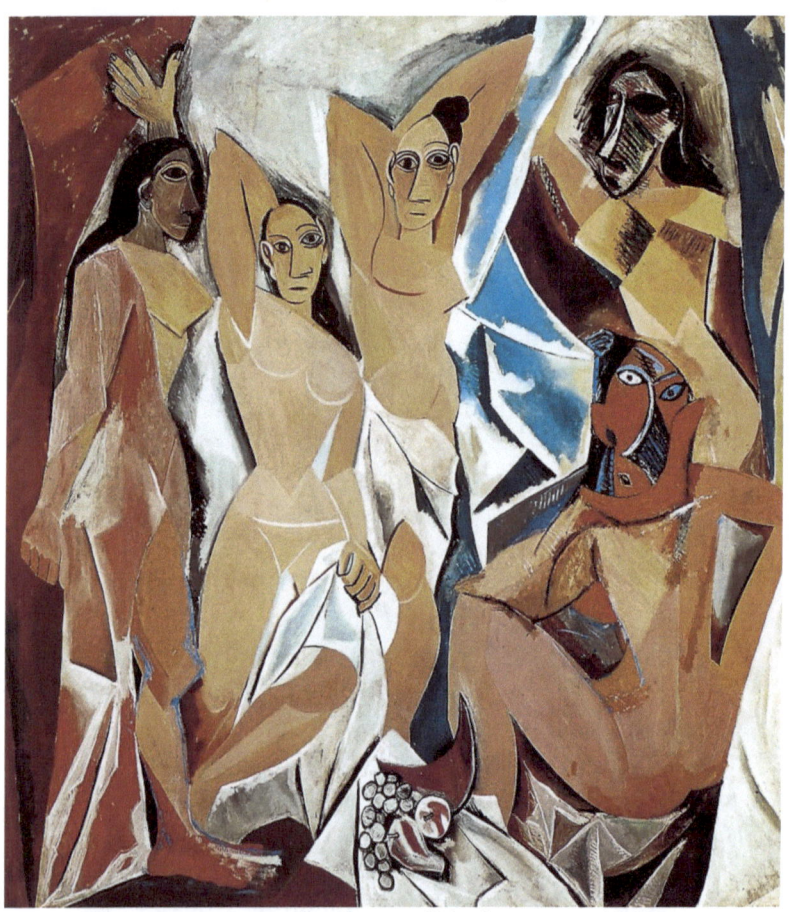

Picasso, Demoiselles d'Avignon, 1907, MoMA, New York.

Rue d'Avignon a Parigi ci fossero, appunto, dei bordelli. Non siamo sicuri dell'effettiva origine della denominazione ma quello che è sicuro è che il quadro, che all'inizio non circolò e fu poco noto, venne letto come un'opera non conclusa, non omogenea e ci volle del tempo perché un'opera così rivoluzionaria fosse davvero capita e metabolizzata dal mondo della critica. Per contro, invece, gli artisti, più rapidi da questo punto di vista, si resero conto immediatamente del potere rivoluzionario di quest'opera. Picasso stesso negli anni '50, in qualche modo, tese a diminuire l'importanza della visita al Trocadero e dell'influenza della scultura africana sul cambiamento della sua pittura. Quello che è innegabile è che ci troviamo di fronte a una grossa frattura rispetto all'arte precedente, nel senso che l'arte non necessariamente rappresenta più il bello, non necessariamente rappresenta più delle forme omogenee, classiche o piacevoli, ma si riferisce ad altro, aprendo la strada verso una lettura più complessa della realtà, in cui anche delle forme terrificanti, come le teste delle due figure femminili, rappresentano il cambiamento della società e di un modo di pensare. L'opera è rivoluzionaria perché libera la pittura dalla necessità di piacere, dalla necessità di rappresentare in senso letterale e introduce a una nuova modalità completamente intellettuale, attraverso la quale è possibile smontare e rimontare una figura a piacere stravolgendola. Quindi la pittura diventa un fatto intellettuale, si riferisce solo a sé stessa e la necessità della rappresentazione, nonché il contatto tra il soggetto e il modo in cui è rappresentato, diventa secondaria. Questa è solo un'introduzione al Cubismo e dunque qui ancora un racconto c'è, ma c'è anche una presenza importante di novità. Per esempio le prostitute guardano chi guarda con uno sguardo di sfida, ribaltando il rapporto normale tra chi guarda l'opera e chi è rappresentato all'interno dell'opera. Pur trattandosi, sostanzialmente ancora, di una composizione di tipo tradizionale e dunque di una serie di nudi femminili di un interno, c'è uno iato, ovvero una grossa spaccatura tra prima e poi ed è quella che, appunto, è possibile riferirsi ad altre culture, riferirsi ad altre modalità di rappresentare l'immagine e introdurre, appunto, quello che sarà una rivoluzione assoluta nelle avanguardie che è il Cubismo, che è proprio l'apertura ad una forma prospettica differente rispetto a quella della prospettiva rinascimentale adottata fino ad allora. L'artista spagnolo realizza una geometrizzazione dei corpi e una grande semplificazione dell'ambiente circostante. Lo spazio non segue regole prospettiche e risulta scomposto in piani geometrici incastrati l'uno nell'altro. La costruzione delle figure è fondata sulla molteplicità dei punti di vista: questo è evidente soprattutto nella donna seduta a destra, che è vista simultaneamente da diverse angolazioni. I volti, dagli sguardi fissi, mostrano lineamenti asimmetrici, definiti con secche linee di contorno, che ricordano le maschere africane. I corpi sono caratterizzati da tratti spigolosi e stilizzati, mentre i colori, stesi con pennellate vigorose, sono limitati alle diverse tonalità dell'ocra e del blu, con piccoli accenni al verde. Il tema è quello classico del nudo femminile, ma le forme, i volti, le proporzioni, l'atmosfera, sono ben distati dall'ideale di bellezza dell'arte occidentale, suscitando grande scandalo. L'artista ha trovato nell'arte africana, in particolare, le forme semplificate ed essenziali che egli andava cercando fin dai periodi blu e rosa: volumi modellati secondo piani geometrici, tratti stilizzati che rappresentano l'idea di occhio, di bocca, di uomo, di donna, di stregone o di divinità. Nel dettaglio delle Demoiselles d'Avignon, Picasso ha sostituito il volto della figura femminile con una maschera rituale africana. Si tratta di una maschera Fang proveniente dal Gabon, che ha ispirato l'artista dopo la sua visita al Museo Etnografico.

Cubismo analitico

Lo stesso anno in cui esegue les Demoiselles d'Avignon, Picasso vede la Retrospettiva di Cézanne al Salon d'automne e qui conosce George Braque. Quest'ultimo è un pittore francese che stava meditando la lezione di Cézanne. È una lezione che avrebbe portato alla elaborazione, da parte dei due artisti che molto lavorarono insieme confrontandosi, sul cubismo analitico. Come vi dicevo, les Demoiselles d'Avignon è ancora un soggetto riconoscibile, è chiaro ed evidente che si tratta di 5 donne nude in un interno. La Bouteille de Bass, opera conservata al Museo del Novecento di Milano, è composta di una serie di oggetti che non sono così facilmente riconoscibili. Del resto non è questo l'obiettivo. Come vi dicevo si aprono le porte ad una concezione tutta intellettuale della pittura, per cui il soggetto è solo un espediente per fare una pittura, appunto, di tipo analitico. Il soggetto tratta di una birra che andava in voga, all'epoca, nei caffè. I soggetti di Picasso e Braque hanno a che fare con il tipo di vita che conducevano nei caffè parigini, dunque in questo dipinto egli trattano temi visibili come strumenti musicali, carte da gioco, la bottiglia, appunto, e sul retro spunta uno spartito musicale della canzone *Ma Jolie* che all'epoca andava di tendenza nei caffè parigini. La gamma cromatica è tutta impostata sui toni del bruno e questa è un'altra delle caratteristiche del cubismo analitico, ovvero il fatto di ridurre la tavolozza proprio per evidenziare la scomposizione di forme. Che cos'è il cubismo analitico? È proprio la volontà di superare la prospettiva centrale e di aprire l'immagine rendendola leggibile o illeggibile, se vogliamo, da più punti di vista;

il tutto, eliminando anche il senso compiuto dell'impatto della luce sugli oggetti, quindi delle ombre e del chiaro scuro, per fare, invece, proprio una costruzione, per l'appunto, completamente intellettuale. Durante il cubismo analitico, Picasso fa anche una famosa serie di ritratti, applicando alla figura umana lo stesso sistema di apertura e di scomposizione dell'immagine, per cui il ritrattato, in qualche modo, è faticoso da riconoscere in quanto, come ho detto, non è più il soggetto l'epicentro dell'opera bensì è un espediente: ciò che si vuole raccontare è altro e non la rappresentazione in senso letterale.

Si è soliti suddividere il Cubismo in 3 fasi, che corrispondono all'evoluzione della ricerca di Picasso e Braque sul rapporto tra la realtà, l'occhio (la cosa vista) e la mente (i processi della memoria e della conoscenza). Con Natura morta con sedia impagliata, Picasso realizza il primo collage polimaterico della storia della pittura, d'ora in poi, non avrà più senso rappresentare la realtà in modo fedele: Picasso l'ha introdotta materialmente nella sua opera. Egli dichiara, dunque, che l'arte deve partire dal mondo dell'esperienza, senza fermarsi alla sua imitazione. Le tre lettere JOU, dipinte a caratteri maiuscoli, alludono sia a "journal" (giornale) che a "jouer" (giocare). L'artista dichiara, così, di giocare con le immagini e le parole: sono modi equivalenti per parlare della realtà. Alcuni oggetti sono dipinti, ma in modo sommario: una fetta di limone con un coltello, un bicchiere, una conchiglia, una pipa. Un pezzo di tela cerata con motivo a canné sostituisce la rappresentazione di una sedia impagliata, mentre la cornice è realizzata con una corda vera.

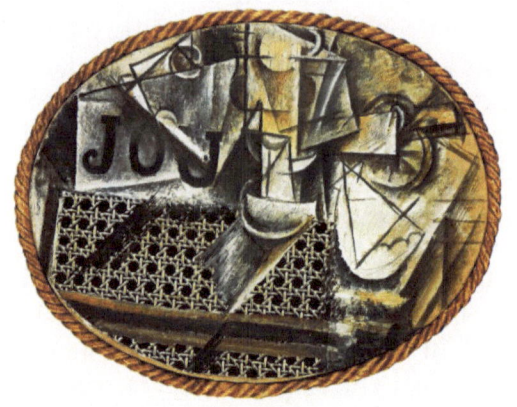

Picasso, Natura morta con sedia impagliata, 1912, Museo Nazionale Picasso, Parigi.

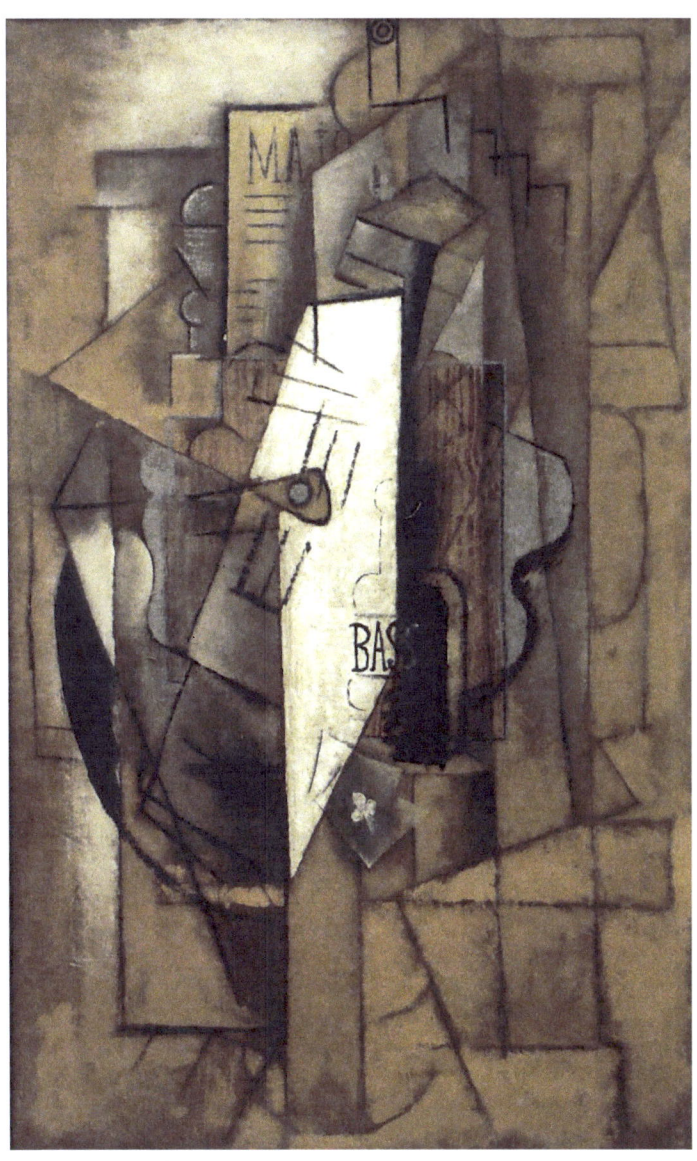

Picasso, Bouteille de Bass, 1912, Museo del Novecento, Milano.

La Chitarra

La Chitarra ci permette di introdurre il tema del rapporto tra Picasso e la scultura. Mentre, come detto, Picasso ebbe una formazione specifica per quel che concerne la pittura, non altrettanto accade per quanto riguarda la scultura. Dunque Picasso non ha una formazione, ma soprattutto non ha il carattere che è richiesto per la scultura, ovvero la pazienza. La scultura è complessa, è lenta, prevede un approccio con la materia che si sviluppa nel tempo, scolpire è un'attività faticosa, impegnativa e non immediata. Picasso invece è un uomo di impeto. D'altronde la scultura gli interessa e nel 1909 fa un ritratto della sua compagna Fernanda che sarà un'opera rivoluzionaria. Tuttavia nel 1912 è sempre di pari passo con le ricerche di Braque ed inventa un linguaggio radicalmente nuovo per la scultura, che è quello dell'assemblaggio. Tutto questo ha a che fare con il collage. Come detto Picasso e Braque lavoravano insieme ed è noto che dal 1911 Braque stesse facendo delle ricerche sulla tridimensione con delle costruzioni in carta aventi un riverbero con le opere pittoriche e successivamente con i collage. Picasso realizza il primo collage a giugno del 1912 e contestualmente inizia ad elaborare queste costruzioni. Perché è un linguaggio rivoluzionario? È un linguaggio rivoluzionario in quanto quest'opera introduce una nuova modalità di realizzare una scultura, ovvero l'assemblaggio, dove non si scolpisce più, non si modella più, ma si attacca, si incolla, si buca l'opera.

Le opere sono dunque delle costruzioni di sistemi eterogenei di materiali e quindi si introduce un altro principio che sarà determinante nella storia dell'arte del Novecento e in particolare della storia della scultura del Novecento: il polimaterismo. Se ci pensate, fino ad allora la scultura era concepita su una serie di principi, come la durata attraverso la scelta di materiali duraturi nel tempo (marmo, bronzo) e attraverso due metodologie, ovvero il modellato con la creta oppure lo scolpire. In questo modo invece Picasso introduce materiali umili come il cartone, il filo di ferro, la latta, tutti materiali presi nella vita di tutti i giorni. Un po' come era stato rivoluzionario, nello stesso momento, lavorare sul collage, ritagliando dei ritagli di giornali o di carta da decorazione e inserirli nel dipinto. Questa cosa non sfuggirà ad un altro grande artista italiano, Umberto Boccioni, che lo stesso anno pubblicherà il Manifesto tecnico della scultura parlando proprio del polimaterismo e sottolineando il fatto che la scultura moderna non è più una scultura in bronzo o in marmo ma è una scultura fatta di materiali inediti come addirittura capelli o vetro. La scultura di Picasso avrebbe avuto un impatto enorme sulla sua generazione ed era noto che lo studio di Picasso era aperto e facilmente visitabile. L'artista era disponibile alle visite di altri artisti e l'impatto di questo tipo di ricerca avrebbe cambiato veramente il linguaggio in Europa, dunque oltre la stessa Francia. Di Boccioni abbiamo già detto che si affretta a scrivere il suo Manifesto, ma pensiamo anche al russo Tatlin che realizza delle sculture completamente astratte fatte di materiali innovativi come lastre di metallo o di zinco. Un altro elemento rilevante è che questa è una scultura che non ha bisogno di piedistallo. Se ci pensate, il piedistallo in scultura e la cornice in pittura sono dei dispositivi simbolici che servono a dire che quello è un quadro o una scultura. Togliere ad una scultura il piedistallo significa introdurla in un sistema di pensiero completamente differente, in qualche modo buttarla nel mondo degli oggetti reali e non nel mondo simbolico dell'arte e della rappresentazione. Va considerato che le opere polimateriche sono opere molto fragili e quindi difficili da conservare e questo è il motivo per il quale, di tante opere realizzate dagli scultori d'avanguardia come Picasso lo stesso Boccioni, ne sono rimaste molto meno. In qualche modo, dunque, la tradizione del bronzo e del marmo aveva e avrebbe avuto un impatto anche nella costruzione della storia del secolo. Con i collage e gli assemblaggi si passa dalla fase iniziale del cubismo, ovvero quella analitica, alla seconda fase, il cubismo sintetico. L'idea con il cubismo sintetico è proprio quella di entrare di pari passo nel campo del reale, introducendo materiali della vita quotidiana attraverso il collage, ritagli di giornale, carta da decorazione e rivoluzionando il linguaggio della scultura attraverso l'uso di materiali non ordinari. Dunque si toglie, in qualche modo, l'arte da un ambito sacro e tradizionale come quello della rappresentazione e la si porta all'interno della vita reale, togliendo ad esempio il piedistallo alla scultura. Un'altra cosa importante da dire rispetto alla Chitarra è che si tratta di un'opera non piena, vi è una inversione tra i pieni ed i vuoti nella rappresentazione: il vuoto è una nuova innovazione della scultura del Novecento.

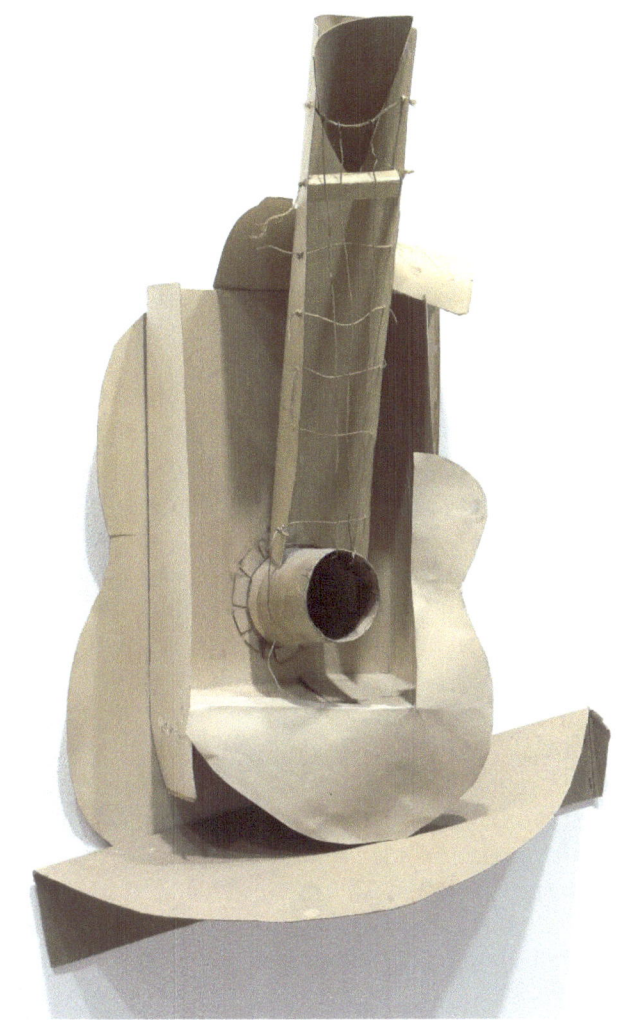

Picasso, Chitarra, 1912-14, Museo d'arte
moderna di New York.

Un periodo di rivoluzioni

Il periodo che va dalla fine dell'Ottocento alla grande guerra, quando Picasso si afferma sulla scena europea, è caratterizzato da una seria di sconcertanti cambiamenti in tutti gli ambiti. Il sistema economico si evolve rapidamente e la forte espansione coloniale accompagna la nascita e l'affermazione delle ideologice nazionalistiche e militariste. Il dibattito filosofico e scientifico è segnato dal pensiero di Nietzsche e dallo sviluppo del metodo psico analitico di Freud. Le teorie di Einstein sulle teorie della relatività modificano per sempre i concetti di spazio e di tempo. Questo straordinario clima culturale si riflette anche nel mondo dell'arte. In poco tempo si avvicendano numerosi movimenti artistici che danno vita alle così dette avanguardie, che decretano la nascita dell'arte moderna. Intorno al 1905, l'espressionismo si manifesta principalmente in Francia con le opere dei Fauves e in Germania con il gruppo di Brucke. Gli artisti esprimono i sentimenti attraverso la violenza del colore, la sintesi della forma e l'incisività del segno. Nel 1909, Filippo Tommaso Marinetti firma il Manifesto del Futurismo, che si arricchisce presto di un'ampia dimensione pittorica.

Per la prima volta le immagini trasmettono l'attenzione dinamica e progressista del secolo nascente. L'anno successivo in Germania, Kandiskij realizza il primo acquerello astratto: colori e linee si pongono ormai l'obiettivo di creare un linguaggio nuovo, tendente all'astrazione. Negli stessi anni, a Parigi, la meditazione sull'esperienza artistica di Cézanne, porta Braque e Picasso ad elaborare la nuova spazialità cubista, che rompe le forme convenzionale degli oggetti, scompone in modo visibile e fornisce una nuova idea di rappresentazione.

Donne che corrono sulla spiaggia

Con la prima guerra mondiale si conclude il forte momento di sperimentazione condiviso dalle avanguardie e aperto dal cubismo e si ritorna a quello che la critica chiama "Ritorno all'ordine". Questo ha una data particolare e un riferimento ad un paese particolare che è l'Italia. Nel 1917 in Italia nasce la metafisica, a Ferrara. Si tratta di un gruppo di artisti come De Chirico, Carrà e Morandi, che danno vita ad una nuova modalità di intendere l'opera e tutto questo viene pubblicizzato dalla rivista "Valori Plastici" per ritornare alla tradizione dell'arte italiana rinascimentale. Lo stesso anno, Picasso arriva in Italia insieme al commediografo Cocteau e visita Napoli, Roma, interessandosi particolarmente alla fotografia. Picasso conosce anche Olga Kockhlova che diventerà l'anno successivo sua moglie. L'artista si avvicina dunque ad un mondo nuovo che è quello del balletto teatrale. C'è anche da dire che inizia a vendere, in quanto nel 1916 un suo dipinto del periodo blu viene messo all'asta ad una cifra allora stratosferica e comincia anche a cambiare la sua condizione sociale, si imborghesisce per capirci, cambiando anche linguaggio artistico. L'opera delle donne che corrono sulla spiaggia ci interessa proprio perché è una rappresentazione di tipo classicheggiante.

Questo ritorno all'ordine in Picasso, però, non è solamente di verosimiglianza: i modi di approcci ad un ritorno alla rappresentazione di tipo più leggibile di quanto non era stato fatto con il cubismo ha a che fare con vari tipi di modi; per esempio Picasso, come si nota in queste due figure femminili, ingigantisce e appesantisce la figura femminile. Questa è anche un'opera a tempera e la tempera ha una modalità esecutiva diversa dall'olio. Nella pittura ad olio si possono sovrapporre velature di colore per sfumare, mentre la tempera è opaca e compatta e dunque le pennellate sono molto leggibili e stese a sovrapporsi in maniera incrociata, come si può notare nell'opera per evidenziare il chiaro scuro e le forme tondeggianti delle braccia delle due donne. Donne che corrono sulla spiaggia è un quadro del 1922 conservato al Museo Picasso di Parigi che l'artista avrebbe riutilizzato due anni dopo per il balletto dedicato al treno blu. Il treno blu era un treno che collegava Parigi con la costa azzurra, un treno molto costoso e utilizzato dalla borghesia per andare al mare. Il ritorno all'ordine di Picasso sul periodo classicista si chiude nel 1925 quando partecipa alla prima esposizione surrealista della galleria Pierre e si avvicina, appunto, a delle modalità di rappresentazione stravolte della realtà che sono ancora differenti rispetto all'impostazione cubista di inizio secolo.

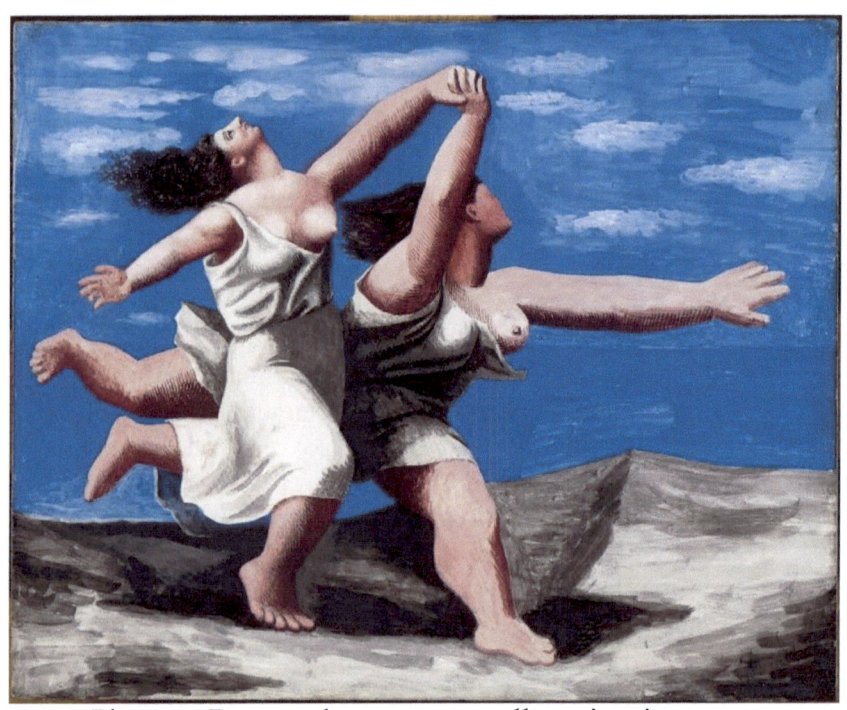

Picasso, Donne che corrono sulla spiaggia, 1922, Museo Nazionale Picasso, Parigi.

Monumento ad Apollinaire

Conclusa la fase classicista, Picasso si avvicina al Surrealismo. È anche vero che è forzoso, in qualche modo, parlare di fase nell'arte di Picasso, in quanto egli fu un artista estremamente prolifico che, contemporaneamente, portava avanti più filoni di ricerca. Negli anni '20 del così detto periodo classicista da una parte vi era un ritorno alla raffigurazione, dall'altra parte vi era la continuità della ricerca cubista. L'avvicinamento al Surrealismo non è una vera e propria presa di posizione e adozione. Picasso, pur collaborando con il gruppo dei surrealisti e essendo indubbiamente influenzato dalle loro tematiche, non si sente del tutto surrealista e mantiene una distanza. È una distanza rispetto al fatto che mentre la poetica surrealista si incentra sul sogno e sul mondo onirico, Picasso si sente invece profondamente legato alla realtà. Apollinaire, grande amico di Picasso, era morto di influenza durante la prima guerra mondiale. Questo personaggio aveva coinvolto Picasso all'interno di un suo poema, rappresentandolo come l'artista che deve realizzare un monumento al vuoto. Picasso, dunque, memore di questo episodio decide di dedicare all'amico scomparso un vero e proprio monumento al vuoto e dunque sostanzialmente un anti monumento. Va considerato che Picasso non è un artista astratto, neppure nel momento in cui con il cubismo analitico arriva ad una decostruzione della realtà, in quanto in lui un riferimento al reale c'è sempre.

Questa scultura è invece quasi del tutto astratta, è una scultura lineare: Picasso realizza precedentemente a questa scultura una serie di disegni basati su punti e linee che assomigliavano un po' a delle costellazioni. Quando si decide a provare a realizzare il monumento per l'amico Apollinaire non ha gli strumenti tecnici per farlo e quindi si rivolge all'amico scultore catalano Julio Gonzales. Quest'ultimo prediligeva l'uso del ferro e Picasso si reca nel suo studio per imparare a lavorarlo e saldarlo. La prima versione di questa scultura è un modellino di 6cm che Gonzales realizza per Picasso. Nonostante il titolo è Monumento ad Apollinaire, riuscire a trovare il soggetto nell'opera è estremamente difficile, ma la cosa importante è che si tratta di un anti monumento. La scultura tradizionale era una scultura di pienezza della materia, questa è invece una scultura lineare basata su vuoti e su assenze, dunque un vero e proprio anti monumento, come lo stesso Apollinaire avrebbe, probabilmente, desiderato. La versione definitiva fu realizzata dopo la sua morte, nel 1974, e Picasso voleva che quest'opera avesse dimensioni colossali. Tra il primo modello e la versione definitiva (oltre 5 metri) ne furono realizzate altre due intermedie di oltre 2 metri. L'opera, in quanto anti monumento, è determinante nella storia della scultura: è curioso il fatto che Picasso non ha una formazione rispetto alla scultura, ha in essa un rapporto diverso rispetto a quello che ha con la pittura, ma riesce comunque a creare delle opere cardine, sancendo nel Novecento la "morte del monumento". Nel Novecento, l'opera duratura e celebrativa scompare.

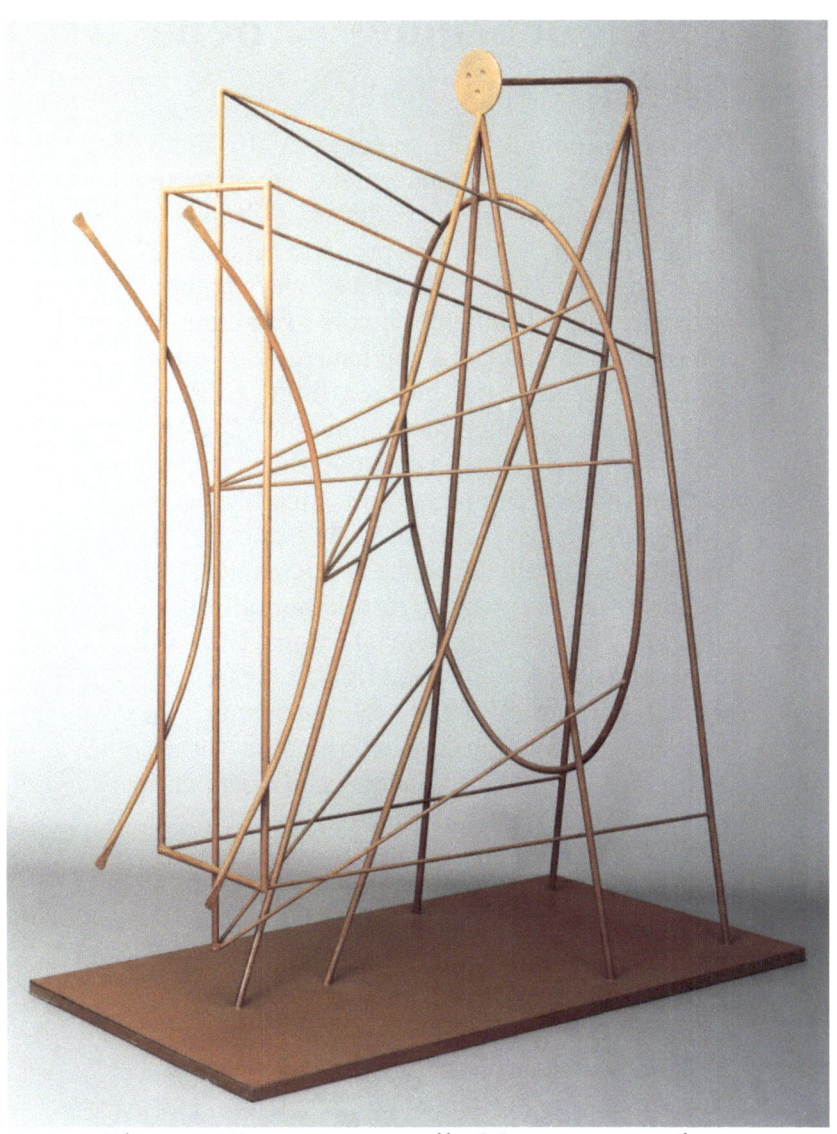

Picasso, Progetto per il Monumento ad
Apollinaire, MoMa, New York.

L'elaborazione delle forme

Picasso negli anni '30 è sempre più affermato e nel 1932 si organizzano due grosse importanti mostre a lui dedicate a Zurigo e Parigi. Si ha anche un progetto editoriale dedicato interamente all'artista, che sarebbe poi finito dopo la sua morte con 44 volumi. È il momento di vicinanza con i surrealisti con il quale, abbiamo detto, ha un'affinità artistica pur mantenendo una sua autonomia. C'è un avvicinamento alla realizzazione di forme, in qualche modo, completamente sintetizzate e rielaborate un po' alla luce dell'estetica di stampo surrealista. È anche interessante fare un paragone tra le due figure femminili della spiaggia che corrono, che abbiamo visto in precedenza, con altre due figure conservate presso il museo Peggy Guggenheim di Venezia. L'opera precedente riguarda forme molto piene e massicce, mentre nell'opera che tratteremo ora la rappresentazione è simbolica. È anche importante notare la suddivisione dell'opera: il mare divide il dipinto a metà con due campiture piatte con azzurri intensi del cielo e del mare, appunto, e dal retro spunta una figura maschile che osserva le due figure femminili che giocano con una barchetta. Sempre molto presente, in tutta l'opera di Picasso, è la connotazione dei riferimenti sessuali dei personaggi: i seni e i glutei sono molto evidenti, prominenti.

Picasso aveva una particolare attenzione al fatto che la fisicità fosse rappresentata in maniera concreta e non ideale. Quest'opera si allontana molto da una rappresentazione realistica dei soggetti e ne fa quasi delle figure mostruose, basti guardare le braccia e le mani che diventano una sorta di punte, o, ancora, le teste oblunghe e ovoidali. È anche da notare come è noto che la figura maschile, sullo sfondo, all'inizio fosse molto più minacciosa e mostruosa nell'atto di incombere sulle figure femminili. Successivamente è stata semplificata e trasformata in un semplice osservatore rispetto alla scena. L'opera di cui stiamo parlando, Sulla Spiaggia, è del 1937, lo stesso anno in cui Picasso concepirà il suo capolavoro più celebre, Guernica. Da questo interessante dato possiamo affermare, ancora una volta, la capacità in cui l'artista riesce a lavorare, nello stesso arco cronologico, su più filoni artistici differenti e su temi e soggetti molto diversi da loro, portando avanti filoni di ricerca eterogenei.

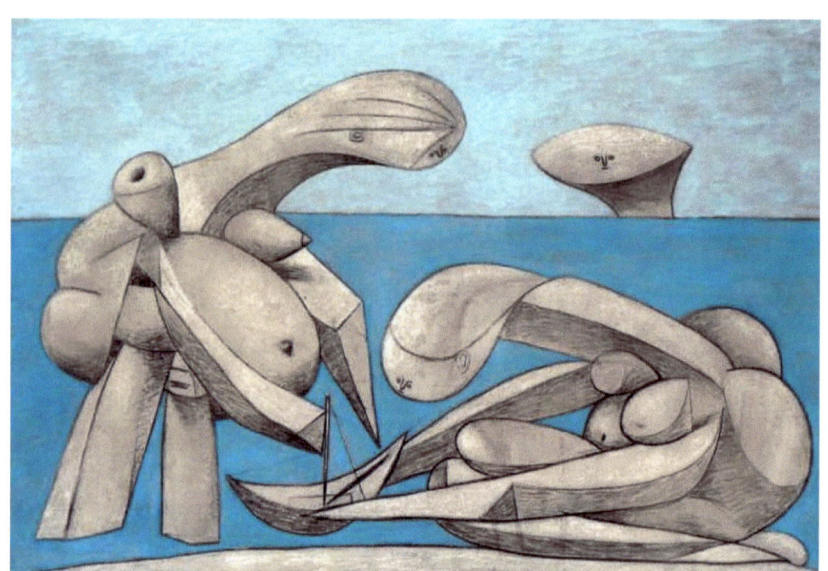

Picasso, Sulla spiaggia, 1937, Collezione
Peggy Guggenheim, Venezia.

Guernica

A metà aprile del 1937 Picasso viene invitato a partecipare al padiglione spagnolo all'esposizione universale di Parigi. Dunque non appena viene incaricato di partecipare al padiglione e non appena sa le misure esatte dello spazio che gli viene affidato, Picasso inizia una composizione basata su diversi temi che sono un po' delle ricorrenze della sua opera. Da un lato vi è il toro, Picasso difatti era appassionato di corrida. C'è poi, nella prima impostazione, un personaggio ferito con un pugno chiuso ed è un chiaro riferimento all'impegno politico dell'artista. Quando, poi, Guernica viene bombardata, Picasso rimane shockato dalle immagini e decide, in qualche modo, di trasformarlo in una icona, togliendo, però, i riferimenti di tipo politico per cui la figura maschile, ovvero il guerriero ferito sdraiato a terra, non ha più il pugno chiuso: esso deve diventare un manifesto universale contro gli orrori della guerra.

Va anche considerato che il bombardamento di Guernica è la prima infelice occorrenza, poi seguita da tante altre nel corso della seconda guerra mondiale, in cui la popolazione civile resta vittima in una strage così efferata. Dunque l'artista pensa che l'opera sia un monito contro la guerra. Come dicevo Picasso sa già qual è la dimensione dell'opera, ma sa anche che essa prevede un ingresso sulla destra, per cui il visitatore deve necessariamente percorrere lo spazio passando da destra verso sinistra e non come succede normalmente quando si legge un'opera, ovvero da sinistra verso destra.

Le misure dell'opera erano predeterminate: 3 metri e mezzo e oltre 7 metri. Questo proprio perché l'opera si doveva incastonare all'interno del padiglione e Picasso la concepisce come si farebbe oggi come un'istallazione, come un'opera ad hoc, nel senso che la costruzione dello spazio seguita da lui mentre era in fieri ha dei rimandi e dei riverberi all'interno dell'opera. Picasso realizza un'opera sincronica, cioè un dipinto che è la fotografia di un momento nel quale ci sono una serie di personaggi che rappresentano una scena di dolore corale, ma che non presuppongono una prospettiva di tipo unica. È un'opera assolutamente aperta. La scena avviene in un interno e ad una figura che urla tra le fiamme di un edificio si contrappone una figura femminile che accorre verso il centro della scena ed un'altra figura femminile che si sporge da una finestra con un lume, proprio per fare luce sulla scena centrale, a sua volta illuminata da una grossa fonte di luce elettrica. Al centro della scena il cavallo è il simbolo di un dolore universale, il cui gemito si contrappone al guerriero ferito e straziato alla base del quadro. Sulla sinistra il toro rappresenta la forza bruta e quindi, in qualche modo, la violenza e la cecità della violenza. Vi è anche una madre disperata che piange con un bambino morto tra le braccia. Il dipinto è quasi privo di colore, sostanzialmente è tutto giocato sui toni del grigio, del nero e del bianco. Forse Picasso voleva ridurre l'impatto emotivo della scena e concentrarlo sulle fisonomie dei vari protagonisti. È interessante notare come in una rappresentazione stilizzata delle fisonomie dei protagonisti della scena, Picasso non rinuncia ad evidenziare il dato della fisicità: i peli della figura urlante, i capezzoli della figura femminile, o ancora il pelo del cavallo che viene tratteggiato punto per punto. Dunque, in qualche modo, vi è una contrapposizione tra la sintesi e l'attenzione maniacale al dettaglio, basti osservare anche lo zoccolo del cavallo con le chiodature in ferro. L'opera non ebbe un grande successo, nel senso che lasciò piuttosto freddi sia i detrattori di Picasso sia la sinistra. È un'opera che divenne un simbolo nel tempo. Per il bombardamento di Guernica, Franco aveva chiesto aiuto ai tedeschi e quindi è noto un episodio nel quale un ufficiale nazista si rivolge a Picasso chiedendogli se fosse l'autore dell'opera e Picasso gli risponde prontissimo "no l'autore di Guernica siete voi, non io". Picasso sosteneva il governo repubblicano che lo nomina anche simbolicamente direttore del Prado e quindi dichiara che Guernica sarebbe ritornato in patria solo una volta che fosse finita la guerra civile. L'opera, dunque, si trasferisce in America e viene esposta in una serie di mostre, tra cui anche a Milano nel 1953. Nel 1981 l'opera, finalmente, dagli USA rientra in Spagna dove viene esposta al Casino del Buen Retiro del Prado, per poi trovare sede definitiva al museo Reina Sofia di Madrid.

Tra il 1936 e il 1939 la Spagna è oppressa da una feroce guerra civile, tra i difensori del legittimo governo repubblicano e l'esercito del generale Francisco Franco, che voleva assumere il potere sostenuto dalle dittature fascista e nazista. La città di Guernica è considerata un rifugio sicuro, perché lontana dai fronti di combattimento: vi hanno trovato ospitalità non soltanto i combattenti repubblicani, ma anche civili, con molte donne e bambini. Eppure, il 26 aprile 1937 si abbatte sulla città il primo bombardamento aereo che colpisce una popolazione inerme, seguito, purtroppo, da molti altri sulle città europee durante la Seconda Guerra Mondiale. Picasso vive ormai da molti anni a Parigi e, dopo i tragici eventi che hanno portato la dittatura nel suo paese, non farà più ritorno in Spagna. Quando apprende la notizia, sta preparando una grande tela da presentare al Padiglione Spagnolo, in occasione dell'Esposizione universale a Parigi. Picasso capisce che il mondo deve conoscere la tragedia di Guernica e di un popolo schiacciato dalla repressione: l'artista non può rimanere in disparte, ma deve prendere posizione. In soli 2 mesi Picasso compirà l'opera, accompagnandola da più di 100 studi e disegni. Guernica è già diventata il simbolo universale della lotta contro tutte le guerre. Nel dipinto di Picasso vediamo una madre disperata che piange tenendo fra le braccia il figlio morto. Si nota anche il toro che simboleggia la Spagna, ma rappresenta anche la brutalità irrazionale della guerra. Un cavallo si dibatte trafitto da una lancia: simboleggia la libertà e simboleggia anche il popolo spagnolo destinato alla morte. La donna che fugge dalla casa in fiamme con le braccia alzate ricorda l'immagine di Maddalena straziata dal dolore ai piedi della Croce. L'impianto compositivo di Guernica presenta un preciso significato: è diviso in tre parti, come le pale d'altare del Medioevo, quindi richiama un soggetto sacro. La struttura dell'opera è piramidale: al centro spicca un triangolo di luce che incontrandosi con le altre forme crea bagliori improvvisi e produce un effetto che ricorda il bombardamento della città. La tela ha dimensioni grandiose e questo sottolinea l'enormità dell'evento, rappresentando il dolore umano e testimoniando la partecipazione di Picasso alle tragedie dell'umanità. Attraverso Guernica, Picasso vuole anche sensibilizzare l'opinione pubblica, affinchè si lavori realmente per la pace e l'artista dirà "Voglio che di fronte alla tela si abbia la sensazione di calpestare le macerie della città". L'opera è interamente in bianco e nero: da un lato per sottolineare l'orrore e il lutto, dall'altro lato per riproporre l'impatto della notizia, che Picasso e il mondo intero hanno ricevuto attraverso le fotografie dei quotidiani. Il linguaggio dell'opera richiama la tecnica cubista di Picasso, per le forme piatte, semplificate, incastrate l'una nell'altra: tuttavia, il significato di questa scelta è diverso, in quanto le forme scheggiate e frantumate simboleggiano la distruzione. Guernica fu commissionata dal governo repubblicano spagnolo per l'Esposizione di Parigi del 1937. Dopo lo scoppio della Seconda Guerra Mondiale, Picasso decise che il quadro fosse custodito al MoMA di New York fino alla fine del conflitto. Nel 1958 Picasso rinnovò il prestito al MoMA a tempo indeterminato, almeno fino a quando in Spagna si fossero ristabilite le libertà democratiche. L'opera arrivò finalmente a Madrid nel 1981. La scena può essere suddivisa in due gruppi di figure, il primo gruppo è costituito da tre animali: il toro, il cavallo ferito, l'uccello che si intravede dietro al toro, nella parte sinistra. Il secondo gruppo è quello formato dagli esseri umani: un soldato morto e quattro donne. Una donna è posta nella zona superiore a destra, si affaccia da una finestra e sostiene una lampada; la madre, sulla sinistra della tela, grida abbracciando il figlio morto; una terza entra precipitosamente dalla destra; una quarta si rivolge al cielo, con le braccia alzate, di fronte a una casa in fiamme. La negazione del cromatismo e l'intensità di ciascuno dei soggetti rappresentati determinano il carattere estremamente tagico della scena. I corpi sono deformati, le linee si intersecano, le lingue aguzze richiamano urla disperate. La gamma dei colori è limitata a grigi, neri e bianchi, per rappresentare l'evento tragico ed il dipinto, nato come murale, è stato poi trasportato su tela. Guernica testimonia l'orrore della Guerra civile spagnola e rappresenta una purtroppo vana premonizione di quello che sarebbe successo nella Seconda Guerra Mondiale. Picasso realizzò l'opera sotto la spinta della notizia del bombardamento dell'omonima città basca da parte dell'aviazione tedesca, alleata del generale Francisco Franco nella Guerra civile spagnola tra monarchici e repubblicani. L'opera e i relativi bozzetti non contengono nessuna allusione a precisi fatti di cronaca.

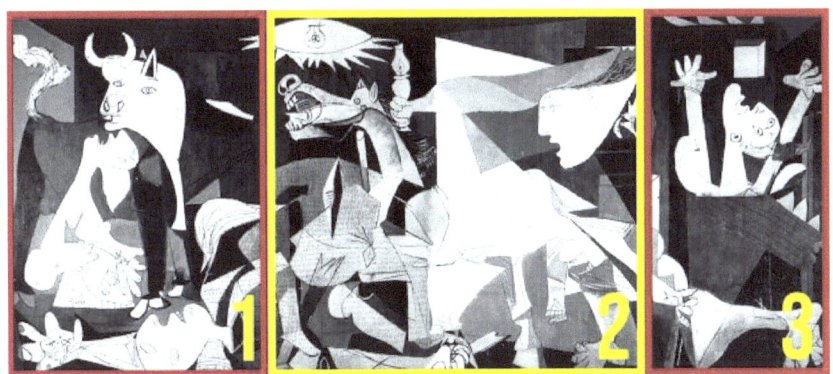

Particolare delle parti del dipinto: l'immagine con il numero 1 corrisponde alla parte sinistra dove vi sono il toro, la donna che urla di disperazione con il figlio morto in braccio ed a terra il soldato caduto; l'immagine 2 corrisponde alla parte centrale del dipinto, in cui troviamo il cavallo morente e la donna che tiene in mano una lampada; nella parte numero 3 del dipinto notiamo invece la donna che urla disperata e la casa in fiamme.

Da questa breve descrizione dell'immagine, che ruota attorno alle tonalità grigie, nere e bianche, notiamo che non vi è un diretto riferimento esplicito alla guerra, bensì vi sono raffigurazioni puramente simboliche. Ciò che possiamo notare è pure la presenza dominante di figure femminili, invece che di quelle maschili: Picasso sceglie di rappresentare gli indifesi e gli innocenti, incarnati dalle donne e dai bambini. Pocanzi ho detto che l'immagine è puramente simbolica, senza riferimenti diretti che facessero pensare alla guerra, ma allora come ha fatto l'artista ad immortalare i sentimenti di dolore e di sofferenza attraverso quest'opera? È molto semplice: basta infatti guardare uno per uno i simbolismi. Partendo del toro ci verrebbe da chiederci cosa ci facesse un toro in questa composizione e questo dubbio è stato risolto dallo stesso artista che ha dichiarato apertamente che il toro simboleggia la brutalità oscura. La brutalità oscura del toro si rispecchia nel suo sguardo indifferente dinanzi al caos di dolore di cui egli è circondato: proprio come una bestia, è insensibile dinanzi alla distruzione e dinanzi alla sofferenza. Subito sotto il toro è collocata la donna che disperatamente tiene in braccio un bambino, ecco, provate ad osservarla, noterete subito che potete quasi sentire il suo urlo di disperazione, ma come ha fatto Picasso a farci percepire il chiasso di tale sofferenza? semplicemente attraverso l'affilatissima lingua dipinta, osservatela bene. Attraverso questo semplice marchingegno della lingua affilata, Picasso rende al meglio, con il minimo ma geniale sforzo, tale sentimento di rabbia, dolore ed impotenza generato dalla donna che ha appena perso il figlio che tiene in braccio. Ma non è tutto, tale dolore di questa donna è reso alla perfezione anche dalla rappresentazione della forma degli occhi che Picasso sceglie di adottare: osservateli bene, hanno la forma di gocce di lacrime, essi sono occhi tristi, percepiti automaticamente come tali dal nostro cervello, dovuto alla forma di goccia all'ingiù di cui sono fatti. Tale atrocità è enfatizzata al massimo se guardate bene la figura del piccolo che sta in braccio: egli non ha più le pupille, ciò significa che non è più in vita, ed altri non era che un bambino innocente che nulla di male aveva fatto.

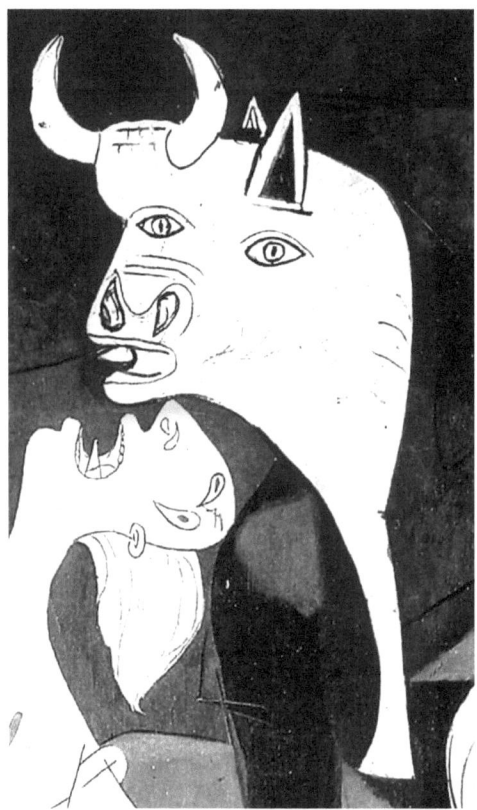

Particolare del toro, simbolo della brutalità oscura e particolare della donna con in braccio un bambino.

Un altro simbolo importante e difficile da notare è la colomba. Essa è collocata tra le teste del toro e del cavallo, e Picasso scelse di farla tono su tono con lo sfondo. Solitamente la colomba simboleggia la pace, ma tuttavia quella che vediamo in questo dipinto lamenta la mancanza di un'ala. Tale dettaglio della colomba ferita, con solo un'ala, ci comunica che la pace è stata disturbata, rotta, infranta, violentata, aggredita, in favore della guerra.

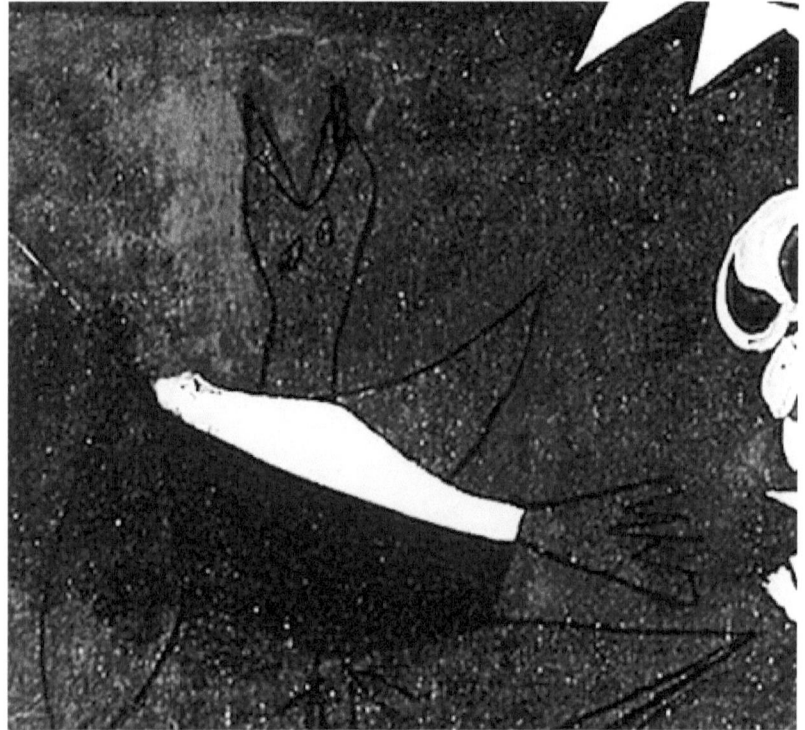

Particolare della colomba.

Un altro simbolo importante lo si ritrova nella figura del guerriero privo di vita che giace a terra. Il corpo di questo personaggio non è integro e notiamo che nella mano destra teneva un fiore ed una spada spezzata. Questa figura potrebbe alludere, secondo diversi studiosi, a due cose diverse. La prima è che la spada simboleggerebbe la guerra, ed il fatto che sia spezzata, mentre il fiore sia intero, farebbe alludere alla possibile speranza della fine del conflitto. La seconda motivazione di questa figura potrebbe essere che si tratti di una scultura rotta, distrutta, simbolo della distruzione dell'arte dovuta dai bombardamenti.

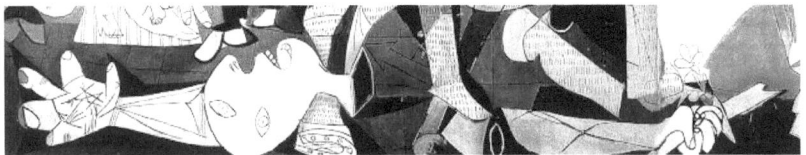

Particolare del guerriero morto a terra.

Un altro elemento simbolico che possiamo riscontrare, questa volta al centro del dipinto, è la presenza di una lampada. Essa simboleggia i pro ed i contro che presenta il progresso della tecnologia: da un lato è vero che lo sviluppo tecnologico ci ha permesso di svilupparci e industrializzarci, ma è anche vero che dall'altro lato ci ha generato una sorta di stupida involuzione, dovuta alla creazione di armi che portano niente che non sia distruzione, bombardamenti e sofferenze, portando a conflitti, guerre e caos, gli stessi visibili in questo dipinto. Allo stesso tempo questa lampada sembra essere una pupilla dentro un occhio, che altro non è che l'occhio della provvidenza, onnipresente, che tutto osserva nella speranza della pace. Quest'occhio assomiglia ad un sole ed il sole fa ben sperare per la pace, in quanto simboleggia la vita. Particolare della lampada posta al centro del dipinto:

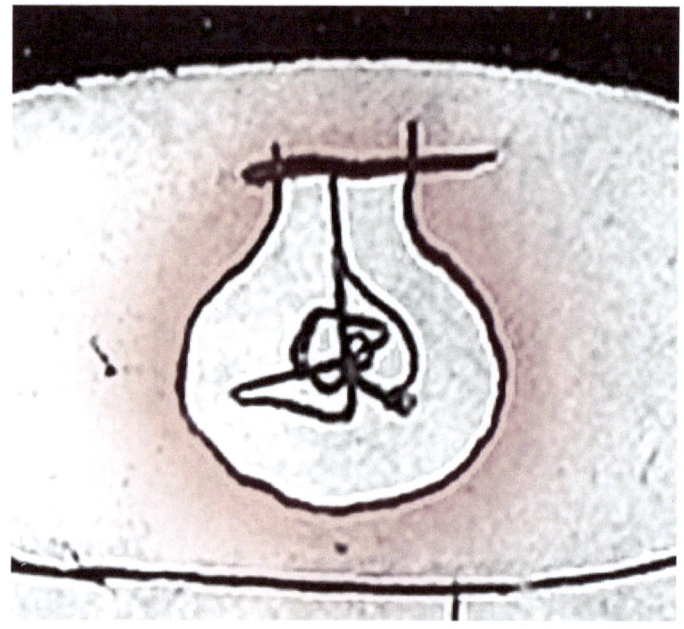

Al centro del dipinto notiamo anche la figura del Cavallo in una posizione alquanto innaturale: il suo corpo è verso destra, mentre la testa è ruotata verso sinistra. L'animale è in equilibrio precario, con una zampa piegata, ed è anche trafitto da una lancia e dunque sta per cadere a terra. Picasso qui ha voluto complicare la vita dei nostri occhi perché ricostruire l'immagine del cavallo non è facile e ciò è dovuto alle diverse tonalità di cui è formato il suo corpo: la testa ed il collo sono dipinti di grigio, il petto e la zampa anteriore sono di colore bianco, mentre il resto del corpo è di brevi pennellate variopinte di nero, grigio e bianco. Possiamo dunque affermare che questa figura è forse la più complessa dell'opera e simboleggia, così come la donna ed il bambino, una delle tante vittime innocenti di questa distruzione. Un'altra vittima innocente di tale atrocità, è la donna alla destra del cavallo, raffigurata nell'atto di cercare un rifugio per curare la ferita alla caviglia. Picasso immortala al meglio il grado di sopportazione al dolore di questa coraggiosa e forte donna, attraverso il gesto del coprirsi con la mano la ferita, ma tuttavia è troppo tardi, essa perirà come gli altri, rappresentando un'altra innocente vittima della distruzione.

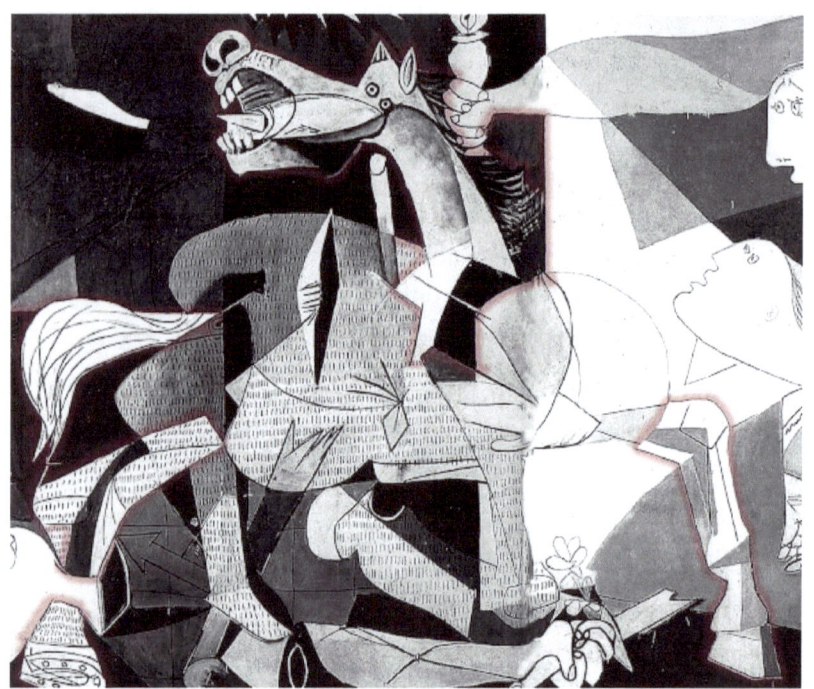

Particolare del cavallo.

Osservando in alto nella zona destra di campo del dipinto, notiamo una donna spaventata che si affaccia da una finestra mentre tiene in mano una lampada ad olio. Lei sta cercando di dare luce alla scena, ma tuttavia il suo sguardo è smarrito e perso nel vuoto. La critica pensa che essa simboleggi la Repubblica Spagnola, che a quel tempo era piuttosto confusa. Alle spalle di questa donna si avverte una casa incendiata, ridotta in cenere dalle fiamme: essa simboleggia un'altra arte distrutta, ovvero l'architettura. In questa casa si può notare una donna che alza disperata le mani al cielo, e qui Picasso imprime al meglio il simbolo dell'implorazione, citando la figura del 3 Maggio 1803, il quadro di Goya. Questa donna ci dice che l'umanità è stanca della guerra e di partorire altri morti innocenti. In conclusione queste sono solo le mie interpretazioni, poiché in un quadro così ricco di simbolismi, ognuno può trovarci l'interpretazione che ritiene più opportuna. L'unica cosa che risulta sicura è che questo genio - che ricordiamo nel suo cinquantesimo anniversario di morte - attraverso questi simbolismi dell'atrocità della guerra - che solo genera sofferenza - ci fa riflettere ancora oggi, in questi giorni critici per avvenimenti simili nel mondo, sulla condotta sociale. Per cui prima di fare un'azione impulsiva, di cui potremmo pentirci, dovremmo tutti osservare la Guernica e meditare con essa, perché l'orrore che ci comunica ci fa capire quanto la pace sia un bene prezioso che non possiamo permetterci di infrangere.

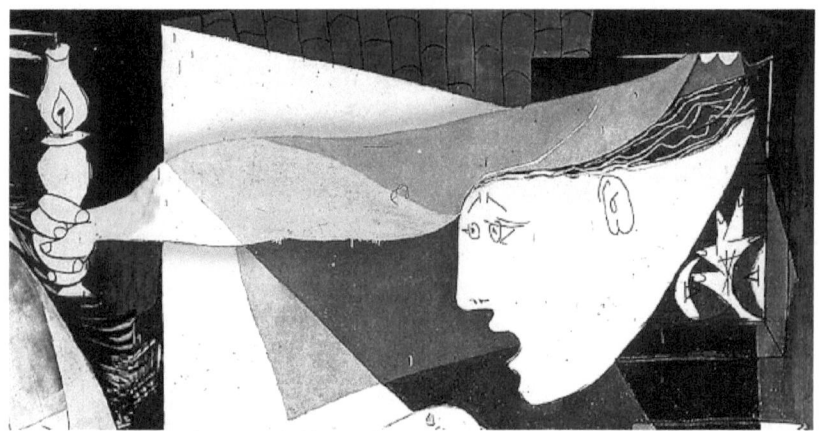

Particolare della donna affacciata dalla finestra mentre tiene una lampada in mano.

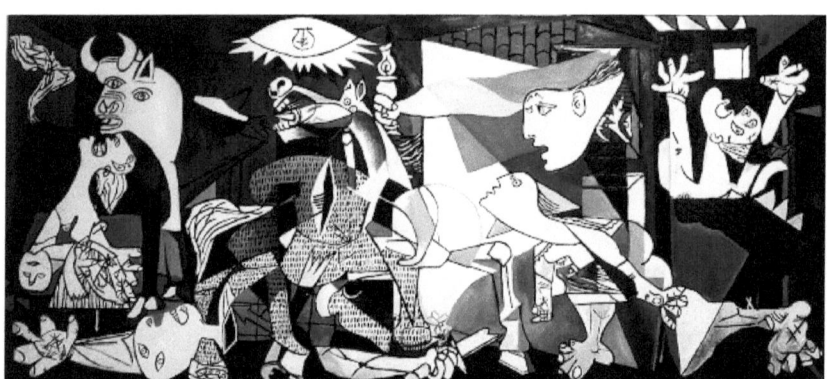

Picasso, Guernica, Museo Reina Sofia, Madrid, 1937.

La Capra

Una terza modalità espressiva di Picasso è quella di utilizzare oggetti raccattati, letteralmente, reperiti in giro e dargli nuova vita, utilizzandoli e assemblandoli per fare delle sculture. In particolare, quando si trasferisce a Vallauris, vicino al suo studio c'era un prato nel quale i ceramisti buttavano gli scarti. Picasso recuperava tutto quello che secondo lui poteva essere riciclato e così nasce la Capra. La pancia della Capra e le vertebre sono realizzate attraverso una gerla recuperata, così come le mammelle dell'animale sono delle brocche in terracotta. Le zampe sono realizzate con delle stecche di legno mentre il muso è realizzato con una foglia appositamente avvolta. Le corna sono realizzate con dei tralci di vite. Dopo aver assemblato tutti questi elementi Picasso ricopre di gesso l'insieme e lo modella leggermente in superficie per evidenziare tratti dell'animale. La cosa interessante è che Picasso amava tantissimo gli animali e si è sempre circondato di animali, ha avuto cani, gatti, ha anche avuto un topolino che teneva nel cassetto del suo studio, aveva anche una civetta e per finire una vera e propria capra chiamata Esmeralda. Questa capra viveva insieme al pittore a Vallauris negli anni '50 del '900, e viveva libera in casa. L'opera in gesso venne tradotta in bronzo e Picasso ne allestisce una in giardino, divertendosi molto a legare la capra vera al ritratto in bronzo della capra stessa e dunque in qualche modo espone nel privato del suo giardino la capra e la riproduzione della stessa.

La Capra è realizzata nel 1950 ed è visibile nella versione in gesso al Museo Picasso di Parigi: è solo una delle sculture altamente sperimentali che l'artista realizza in quel periodo. Il periodo della Capra di Vallauris è un momento particolarmente felice della vita di Picasso in quanto la compagna Françoise Gilot era incinta della seconda figlia, Paloma. È un momento che si concluderà a breve in maniera piuttosto tragica per Picasso, in quanto per la prima volta in vita sua verrà lasciato dalla sua compagna e si troverà solo.

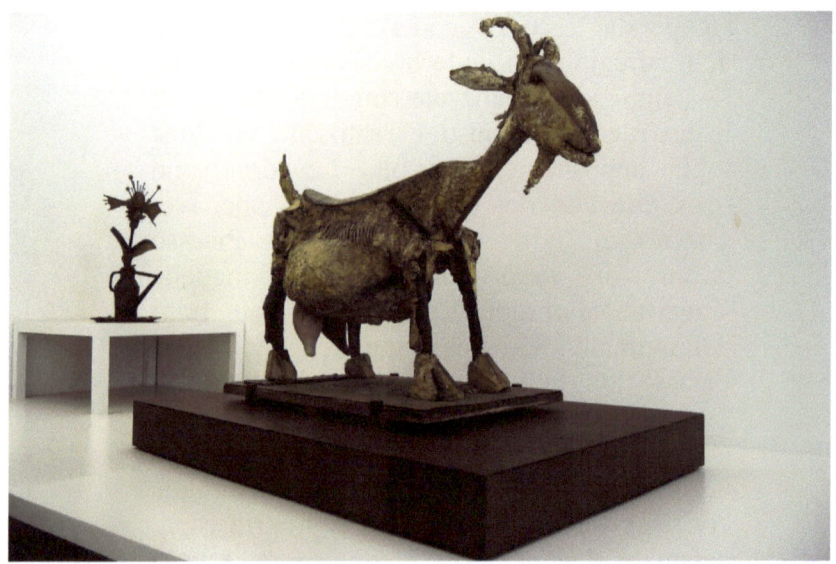

Picasso, la Capra, 1950, Museo Picasso di Parigi.

Las Meninas

Nel 1953 Picasso viene lasciato dalla sua compagna e inizia per lui un periodo molto difficile. È un periodo che coincide con un momento di ripensamento sulla pittura e sulla storia della pittura. L'artista si isola, si chiude ed inizia a ragionare sulla rappresentazione della rappresentazione. Tutti gli artisti che, in qualche modo, erano stati suoi riferimenti, da Delacroix a Monet, fino a Velazquez, diventano soggetti sui quali Picasso torna e ritorna con una produzione incredibile, quasi a voler rimeditare sulla storia della pittura ma anche sulle modalità di costruzione dell'opera pittorica. Las Meninas è la riproduzione di un notissimo dipinto di Velazquez che è un'opera conservata al Prado. Quella di Velazquez è un'opera chiave della storia dell'arte occidentale e Picasso amava andare al Prado, colpito dall'opera già nel breve periodo in cui frequenta l'accademia di Madrid, negli anni giovanili. Da quel momento l'artista ritornerà più volte al Prado proprio per ammirare Las Meninas. Perché l'opera di Picasso è così importante? Qual è la sua relazione con l'opera di Velazquez? Il quadro di Velazquez è determinante perché scardina le regole della rappresentazione. È un autoritratto dello stesso Velazquez che sta ritraendo Filippo IV e la moglie, solo che i ritrattati non sono presenti nell'opera, non sono visibili. Essi si trovano all'esterno dell'opera e si vedono riflessi in uno specchio posto alle spalle dei personaggi. Las Meninas sono le damigelle di corte che stanno intorno all'infanta Margherita. Dunque è un quadro che ha diversi livelli di lettura e quindi di interpretazione e che viene ripreso da Picasso nell'enorme ciclo pittorico nel quale lo stesso artista si inserisce.

In un quadro che è già un ragionamento sulla modalità di rappresentazione, Picasso inserisce dei propri riferimenti autobiografici inserendo il proprio cane: un bassotto a differenza del mastino presente nell'opera originaria. La prima versione de Las Meninas di Picasso del 1957 è quella più nota. In questa versione Picasso, come aveva fatto già con Guernica, riduce la tavolozza e realizza un'opera quasi monocroma, sui cromi del grigio, del nero e delle terre, evidenziando, invece, la composizione. Le versioni successive sono invece molto più piene di colore e piene in assoluto, come in una sorta di Horror Vacui nella composizione dell'opera che la rendono molto diversa dalla versione originaria. Quello che è interessante notare è come Picasso ha donato l'intero ciclo al museo Picasso di Barcellona, in quanto voleva che fosse esposto insieme. Dunque, di questo periodo estremamente fecondo della produzione pittorica di Picasso in cui si confronta con capolavori assoluti della storia dell'arte occidentale, rimeditandoli, smontandoli, rimontandoli, decide che proprio il ciclo dedicato a Las Meninas, in qualche modo, sia conservato come un corpus unico (sono in tutto 58 dipinti), come tutt'ora è all'interno del museo Picasso di Barcellona. Gli ultimi anni della vita di Picasso sono occupati interamente dalla pittura. L'artista continua a dipingere fino al giorno prima in cui muore, per un problema polmonare e l'anno precedente alla sua morte, nel 1972, il Louvre gli tributa un omaggio mai avuto da un pittore in vita, ovvero una mostra personale all'interno del museo che conserva tutta l'arte classica per eccellenza. Si può dire che Picasso, in qualche modo, ha aperto e chiuso il secolo, se consideriamo il Novecento un secolo breve. Questo perché la sua opera, anche quando è stata poco capita nel momento in cui è stata realizzata, ha avuto, poi, nel tempo un impatto fortissimo sull'arte del Novecento e quindi da un lato abbiamo il Picasso cubista e poi ancora il Picasso classicista con il Ritorno all'ordine nei primi anni '20, il Picasso realizzatore di collage o di assemblaggi in scultura, fino ad arrivare alla fase conclusiva, quella di rimeditazione sulla pittura, in cui l'artista ragiona sul senso stesso di fare pittura. Picasso è il più grande artista del ventesimo secolo perché ha avuto la capacità di reinventare l'arte e di reinventarsi come artista. Dunque a differenza di molti altri suoi colleghi, che in qualche modo sono stati incasellati in un determinato momento nella loro arte, è impossibile racchiudere Picasso in un solo momento o in un solo stile e dunque è impossibile limitarne l'impatto. La ricerca di Picasso è determinante dall'inizio del secolo fino agli ultimi anni.

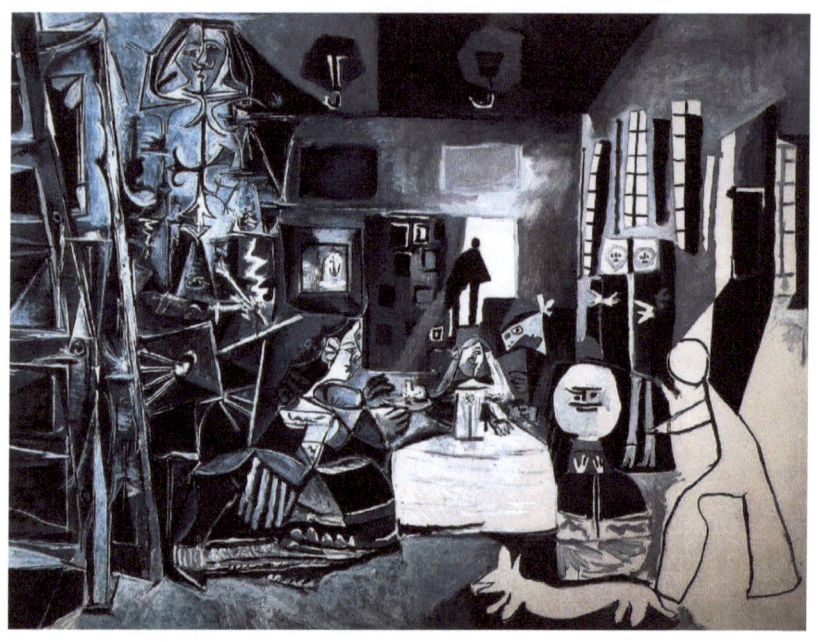

Picasso, Las Meninas, 1957, Museo Picasso,
Barcellona.

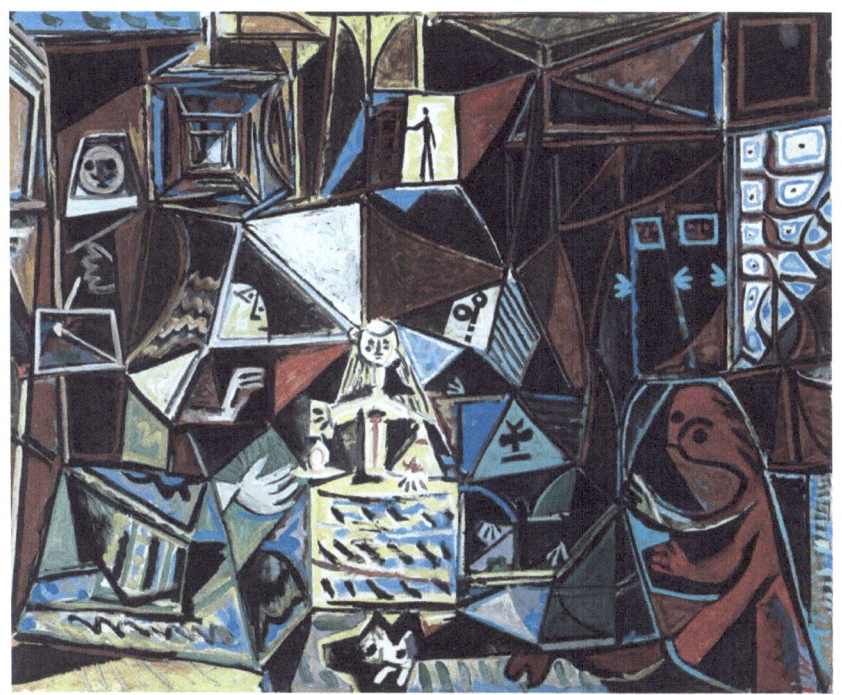

Picasso, Las Meninas, 1957, Museo Picasso, Barcellona.

Biografia dell'autore

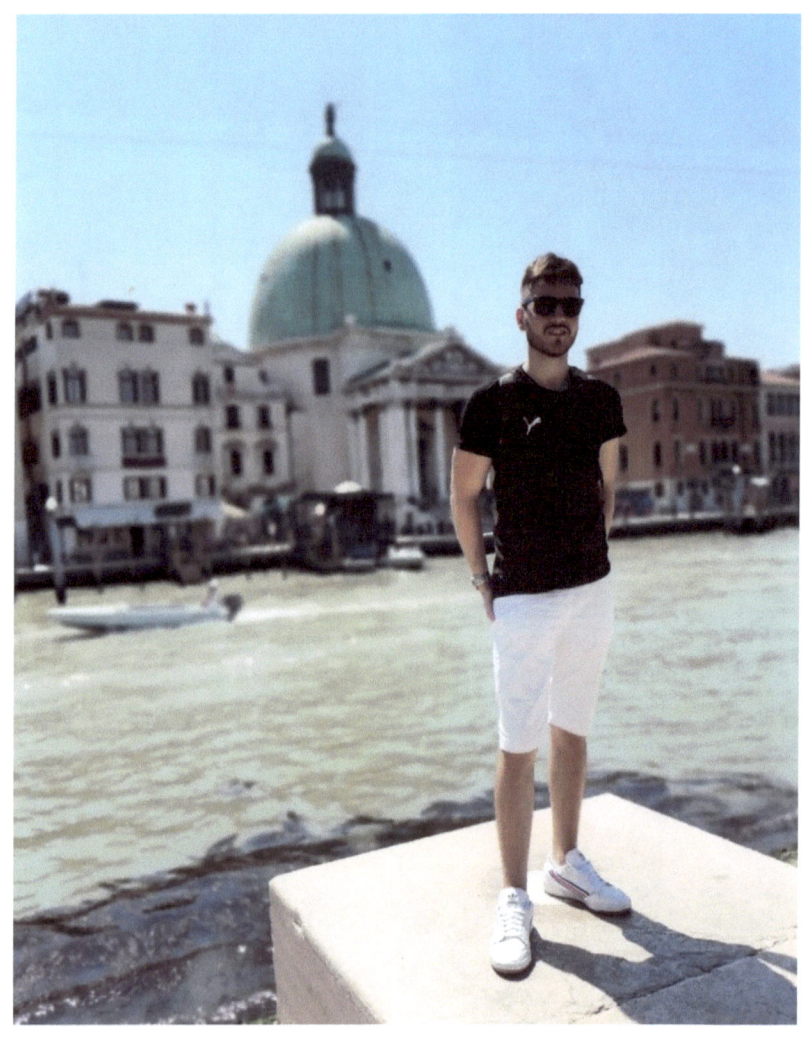

Nato a Gela (CL) il 25/03/1997, Dario Romano è laureato in Lingue e Culture Moderne all'università Kore di Enna ed è un esperto dell'arte ed amante della natura e delle materie umanistiche. Ha già scritto numerose collane e libri su periodi storici artistici e architettonici come il Rinascimento, il Barocco ed il Neoclassicismo e su artisti come Tiziano, Canova, Caravaggio, Velazquez, Canaletto, Tiepolo, Rembrandt, Rubens e tantissimi altri. Dario ha lavorato come guida su Leonardo da Vinci alla mostra "Leonardo ed il genio del volo" che si è tenuta presso il teatro Eschilo di Gela nel 2023, occupandosi del lato ingegneristico-architettonico del periodo storico del Rinascimento e delle figure di Vitruvio, Leonardo da Vinci e contemporanei. Alla passione per la lingua spagnola, la musica (compone e suona la chitarra elettrica per hobby) e i viaggi culturali in città d'arte ed in luoghi naturali, unisce quella della scrittura di libri di arte e di bellezze naturali. Dario è anche proprietario e fondatore del blog Arte Divulgata, uno spazio in cui si impegna a divulgare, criticare e analizzare l'arte, spesso anche in relazione ad altre forme d'arte come la letteratura e tante altre, attraverso dei confronti tra artisti.